U0926624

智读汇·名师书苑

让青春在店铺中闪光

姚慧连◎著

中国财富出版社

图书在版编目（CIP）数据

让青春在店铺中闪光 / 姚慧连著 .—北京：中国财富出版社，2015.2
（智读汇·名师书苑）
ISBN 978-7-5047-5418-9

Ⅰ. ①让…　Ⅱ. ① 姚…　Ⅲ. ①零售业 - 销售服务　Ⅳ. ① F713.32

中国版本图书馆 CIP 数据核字（2014）第 242068 号

策划编辑	丰　虹	**责任印制**	方朋远
责任编辑	丰　虹　吴艳红	**责任校对**	杨小静

出版发行	中国财富出版社		
社　　址	北京市丰台区南四环西路 188 号 5 区 20 楼	**邮政编码**	100070
电　　话	010 － 52227568（发行部）		010 － 52227588 转 307（总编室）
	010 － 68589540（读者服务部）		010 － 52227588 转 305（质检部）
网　　址	http: //www.cfpress.com.cn		
经　　销	新华书店		
印　　刷	北京旭丰源印刷技术有限公司		
书　　号	ISBN 978-7-5047-5418-9/F·2253		
开　　本	700mm×1000mm　1/16	**版　　次**	2015 年 2 月第 1 版
印　　张	12	**印　　次**	2015 年 2 月第 1 次印刷
字　　数	187 千字	**定　　价**	38.00 元

序 言

且行且珍惜，美好人生如何起程

我们每个人都有梦想，不同阶段会有不同的梦想。有人说：梦想是一种虚无缥缈的东西，看不到摸不着。但事实上，梦想是一种情感的寄托，是一种希望的真实。是梦想在忧伤时给我们快乐，在失落时给我们希望，在无助时给我们力量。人类因梦想而伟大，唯有不可思议的梦想才会带来不可思议的结果。有梦想谁都可以了不起，有奋斗谁都可以被铭记！

2003 年我开始进入零售终端行业，从店铺一线人员成长为一名自由职业讲师，多年来我也一直在追求我的梦想，精心打造自己的美好人生。跟大家一样，在追梦过程中，我也曾怀疑过、放弃过，但每一次在关键时刻我还是挺过去继续前行了。这是因为我心中有一种无形的力量在引导着我、督促着我，它是我行动的原动力。

放眼我们的周围，有很多人到中老年时会出现这样的状况：没有经济能力、没有幸福美满的家庭生活、孩子不听话又找不到办法、不能让自己的父母过上幸福的晚年生活、看着亲人受苦受难自己却无能为力等一系列可怕而痛苦的事情。每当我想放弃时，就会想起那些画面，不禁不寒而栗。“我不要过那样的生活，我不能过那样的生活”，我告诉自己，我一定要好好规划我的美好人生，并努力实现自己的目标。然后我会深呼吸一下，暗示自己：坚持坚持再坚持！努力努力再努力！

从终端一线成长到现在，我已步入中年，和我一起成长的伙伴中有四种人生。第一种：三十好几奔四十的人还未嫁、未娶（想嫁娶却未嫁娶）；第二种：结了婚，但过着心力交瘁的日子，天天为小孩教育、乱糟糟的家庭关系而苦恼；第三种：过着孤单离异的生活，想和孩子团聚都难；第四种：过得非常幸福美满，自己做自己的主人——经济的主人、情感的主人、幸福的主人，充实而有意义地实现着自身价值。

这是为什么呢？不同的人有不同的说法，但我很坚定地说：绝对不是命运的安排，因为我们每个人的命运都掌握在我们自己的手中。因为现实中我看到懂得规划、懂得把握、懂得努力、有自己美好人生规划的人正过着前面说的第四种生活。

他们是如何拥有美好幸福的生活的呢？他们的秘密就是：把握好人生成长中最关键的时期（进入社会工作至结婚前的时间，大概是 18 ～ 30 岁），在这个时期全身心投入去打造自己的核心竞争力，从学习、交友、事业、感情、健康五个方面不断修炼自己，使自己成为拥有美好人生、内外兼优的创造者。

他们都有一个很好的认知：一个人不是有了钱人生就会美好，而是第一，要有学习的目标，不断修身，让自己越来越优秀、越来越卓越；第二，要有自己的事业，要有经济独立能力，抓住机会和创造机会找到适合的平台实现自身价值；第三，身边有几个良师益友，让自己永远在正能量的氛围中成长，在迷茫时能够指明方向，落魄时给予支持与鼓励，成功时能够分享喜悦；第四，自己的情感处理得非常好，和男友（女友）、爱人、父母、兄弟姐妹们关系处理得当，家庭和睦，做什么事都能得到他们的支持和理解，能排除一切杂念去实现自身的价值；第五，身心健康，有革命的本钱。

这是我们每一位终端小伙伴们努力奋斗的方向，也是我们美好人生规划的重要内容。现在自己正处于能让自己拥有这一切的关键时期，我们要在这关键时期不断地去努力奋斗，打造自己的核心竞争力。二十几岁不是只做梦的年纪，而是明确方向、努力奋斗的年纪。如果二十几岁时不开始改变命运，那么未来的人生中不会有更好的机会，所以，从现在起开始实施改变命运的计划吧！

我一直有一个这样的梦想，就是用笔记录这些年自己和身边伙伴们成长的心路历程，来帮助成长在终端一线的 85 后、90 后的小伙伴们，怎样去把握自己的人生，怎样在自己一生最关键的时期去打造自己的核心竞争力，为自己美好的人生做好坚实的铺垫。我希望这本书能像一个知心姐姐的耳语，疏解伙伴们心中的大事小情。本书的故事都是生活和工作中的真实案例，我希望大家从这些鲜活的案例中学会总结、学会自我反省；希望伙伴们能够从案例中的迷茫和挫折里看出门道，少走弯路；希望本书让大家感同身受，有想大呼“相见恨晚”的感觉；更希望我就像个大姐姐在和大家聊人生、聊理想、聊工作、聊生活、聊感情……

姚慧连

2014 年 11 月

目录 contents

第一章　给你一个店铺，就应该当事业去经营

第二章　交对朋友让生命尽情绽放

第三章　让青春闪光的青春法则

第一章

事业是一个人在社会中的定位，既是自我价值的实现，也是社会价值的实现。如果我们能将自我价值与社会价值统一起来，将自己的毕生精力投入喜爱又有前途的事业中，那么我们的一生将是丰富多彩、充满奇迹的。

一个事业上有追求的人，是多么具有魅力。这种魅力是那么厚重，他辛勤工作的身影和随时洋溢的才华，多么迷人，多么经得起岁月的磨炼。这样的人，应该多给他们一些体贴和关爱，因为值得。

在店铺中工作，店铺就是我们开拓事业的道场。从店员、店长、管理者到职业培训师，甚至自己成为店铺加盟商做老板，这一系列的晋升为我们展开了美好的蓝图，值得我们为之一搏！

毕业了，青春何处安放

对终端女性伙伴来说，选择关于女性产品的连锁机构是不错的。在这样的行业、这样的平台做着这样的职业，久而久之，不但会有自己的事业，还会成为内外兼修的新型女性，自然会拥有美好的人生。

案例

一天陪一个朋友去买东西，正好走到他朋友的形象店，于是他就给他朋友打了个电话，巧的是对方正在楼上的办公室，于是一起去楼上拜访。朋友的朋友王总得知我是专做连锁终端培训的，于是马上说："我们公司现在亟须解决人员的问题呀，太缺人了，尤其是优秀的人，姚老师经常到处培训，其他市场是不是也这样呢？手上有没有比较优秀的人才给引荐一下？"

我笑着说："你这个问题是现在各个品牌都在头痛的问题。合适的人才还是自己培养出来的比较好。"

王总说："是呀，我们也知道呀，这不我们有一段时间就计划招聘一批刚毕业的进来，决定重点栽培。可在面试时就碰到很多让我们这代人不能理解的问题。比如，学历高一点的一开始就跟你说'我是某某大学毕业，学某某专业，在学校是学生会主席，拿过这个那个奖励，所以公司得给我六千以上的工资，低于这个收入我是不会干的’，学历低一点的就会说‘我虽然学历低一点，但我表现优秀，在这之前我都是做得很不错的，朋友、亲戚、同学、老师对我都是一致好评，再加上现在消费那么高，低于四五千的工资我是不会干的，而且在终端工作还那么辛苦，如果只有两三千我还不如到办公室做一个文职人员’等一系列类似的话，也就是说还没进入公司就先得把一切要求说好，答应了才有可能选择留下付出劳动。我就问应聘者：‘你要这个收入可以，那请你给我说说你会做些什么呢？能为公司创造多少收益呢？’学历高的应聘者答道：‘这要看公司的管理了，安排我做啥我就做啥，我会做一些很有创意性的促销方案，能让公司店铺的业绩大幅度提升。’学历低点的应聘者也会说：‘像我们这种学历低一点的，是很勤快的，如果公司管理到位，能把我的心留在这里，我会任劳任怨的。’我面试过很多这样的应届毕业生。凡是应聘时综合评估不错的学生，我们也都留下来重点培养了，想着将来可作为公司的骨干人员。结果没过多长时间，他们觉得自己学到本领能够独当一面了，觉得在这里没东西可学了，工资也不是很高，换个平台工资可以开得更高些，还能在新的环境学到新的本领。于是，就辞掉工作，有的连招呼都不打就离开了。你说现在的应届毕业生真是不好惹呀！哪能和我们当初踏入社会时那种干劲儿相比呀……”

分析

对于刚毕业的伙伴们来说，大家蠢蠢欲动的年轻的心，都渴望着全新的精彩；同时那渐渐平和的心，也正准备适应现实的接力赛……不管是90后、80后，抑或是70后，都在经历着，或经历过毕业的种种状态。我们都曾拥有过青春，我们也都会离它远去。毕业后，进入一场新的人生状态，我们能不能将骄傲着、热情着、沸腾着的青春安放好呢？ 毕业后的第一份工作很重要，在工作中成长的第一个环境很重要，所以我们的关注点应当在行业、平台、职位的选择上。

当我们在十字路口时，选择就是最重要的一件事，因为在这个世界上选择远远比努力更重要。选择对了等于成功了一半，再加上接下来的努力，我们的事业目标就会达到事半功倍的功效。

那么在选择之前我们还必须明白：命运是由我们自己决定的，但决定我们命运的至关重要的因素是我们的心态和观念，做事的技能技巧只要有时间、有经济条件哪里都能很快学来，但一个人的心态、观念的改变需要有人引导，需要一个乐观积极上进的环境来影响。

同样是刚毕业的同学，几年过去，回过头看，有的同学每年在不停地找工作，成长永远没有一个稳定的方向，对自己将来人生更没有什么规划，每天仅仅为了一日三餐在不停奔波，经常会听到他们的抱怨；也有的同学工作、生活都有条不紊地在按着自己的规划行进，虽然现在还没有大富大贵，但每天过得很充实，积极乐观自信地在为自己的梦想付出汗水，再苦再累也不觉得辛苦，因为他们明白现在不是只在做一份工作，而是在经营自己的人生事业。所以我们刚毕业的伙伴们一定要明白：我们的工作是在寻找一个事业方向，而不仅仅是一份工作，也不仅是当下能赚多少钱的问题。如果一个人没有事业方向，就会像电影《未来水世界》中大海里没有方向的船，即使再努力，燃料再足，越航行离陆地越远，很难到达美丽的陆地。所以说刚毕业最重要的第一步源于正确的选择——选择最有前景的行业、选择最好的发展平台、选择适合自己的职业，这样我们的青春才无悔。

慧点迷津

1．选择适合自己的行业

零售终端的伙伴们在做行业选择之前，对自我应该有个基本的认识：年龄在20～28岁、学历是大学或中学、工作经验无、资本无、背景无、外貌一般、能力一般。再来看看中国市场最近10年发展最快、最有前景的行业有哪些。可以说，连锁机构是发展最快、最有前景的行业。因为只要人类存在，衣食住行的产品就存在市场，所以说做这类产品的人是永远不会失业的。经营这种产品的企业如果要做大做强，最好的经营模式就是走连锁路线——复制服务模式，这种模式在行业内做得好的知名品牌有大家熟悉的麦当劳、肯德基、星巴客等。另外， 21世纪女人和小孩的钱最好赚，市场上很多关于女性或小孩的产品品牌，如服饰品牌和鞋包品牌，都是走连锁形式。更重要的是，进入这个行业发展门槛不高，比较适合我们这个群体，只要方法得当，肯吃苦耐劳，都能在这个领域里打拼出属于自己的事业。

2. 选择适合自己的职业

认准适合自己的行业后，就得面临职业的选择。职业的选择，总的来说，无非就是品牌营销、市场管理、人力资源、财务、设计、技术、工厂管理等几大类。有个有趣的现象就是，世界500强的CEO当中第一多的是销售出身，第二多的是财务出身，这两者加起来大概超过95%。这是有原因的，因为销售就是一门跟人打交道的学问，而管理其实也是跟人打交道的学问，这两者之中有很多相通的东西，其共同目标就是“让别人去做某件特定的事情”。要想选择有发展前景，适合我们的工作岗位，最好选择销售工作。销售部门是核心部门，核心部门的核心成员，为企业创造的价值多，工资和职务的提升空间自然多，发展的前景也就很好。要在销售部门成为核心的员工，不断创造佳绩，就得有过硬的功底和综合能力，在连锁机构要拥有这些能力，就得扎扎实实从一线导购做起。

3. 选择具有发展前景的平台

有了行业和职业的选择后，我们得选择一个平台（公司）去施展我们的才华。选择什么性质的公司先要弄清楚其优缺点，如外资企业的优点是薪资起点高，工作环境优雅，工作有品质感，福利措施完善；缺点是较难进入高层管理者队伍，自主决定权少，对人的要求高，哪怕是一线的导购要求也较高。私营企业的优点是灵活自由，重在看个人业绩，能力强则提升快；缺点是不够稳定。从整体来看大多数的伙伴们是适合选择国内的私营企业的。权衡利弊时，我们可以着重看以下几点：

第一，公司的经济实力强不强；

第二，公司产品有没有市场竞争力；

第三，公司有没有一个高效而专业化的管理团队；

第四，公司有没有一个可以持续的培训系统；

第五，从公司企业文化判断企业的经营行为，是偏离市场的规范，还是符合市场规范；

第六，公司能否做到永续经营。

多问几个问题，自然能做出正确的判断。如果是女性伙伴们，我个人认为：除了注重自己的内在修养外，外在也要懂得修饰，关于女性产品的连锁机构都会有相关的专业知识培训。所以，对终端女性伙伴来说，选择关于女性产品的连锁机构是不错的。在这样的行业、这样的平台做着这样的职业，久而久之，不但会有自己的事业，还会成为内外兼修的新型女性，自然会拥有美好的人生。

进店入铺：找出自己的核心竞争力

所谓核心竞争力，就是具有竞争优势的、不易被别人模仿的、独特的知识和技能。提高自己的核心竞争力，就是增强自己的个人竞争优势，让别人无法取代你。

案例

豆豆是来店铺工作时间不长的伙伴，她的状态跟很多新入职的伙伴不同，她每天充满激情地工作，面对什么人和什么事都不发愁，从没看到她在工作中郁闷过。有人怀疑她是不是正在恋爱，因为恋爱中的女孩是最幸福的；也有人说她是店长的什么人，凡事都能得到店长大力的支持和鼓励；还有人说她本来就是这样的性格，没心没肺，碰到啥事都不会发愁，只在意今天过得好不好……

后来店长发现了大家的这些猜测，并找了个时间亲自去跟豆豆沟通，问个究竟，帮伙伴们揭开谜底，也可消除伙伴们心中的疑虑，让大家顺畅工作。一聊才发现：豆豆之所以能这样，是因为她找到了自己在工作中的特长，而且发现这个特长还多次让她有一种成就感。

她的特长就是陈列店铺各式各样的产品，她发现她负责的区域经她陈列出来的产品，每次都能得到顾客的高度认可，并给她带来可喜的销售业绩。慢慢地她就对陈列产生了浓厚兴趣，最近在通过各种书籍学习如何把陈列做得更好。她从学习中发现，做好陈列是一份很有前景的工作，很多品牌有专门从事陈列工作的陈列师，而且还很有竞争力，因为陈列有时可以决定销售业绩的好坏，所以她立志将来要成为一名优秀的陈列师。同样地，她知道要成为一名优秀的陈列师不容易，要有很高的欣赏能力，要懂很多色彩方面的专业知识，更重要的是要有店铺实践的经验，对顾客的需求和市场的要求有敏锐的洞察力。所以她决定把现在的工作做好，用心体验和感受，让这段经历成为将来发展的财富。

分析

对于进入店铺工作时间不长的伙伴，在能力和专业技能上都不是店铺最优秀的，如果我们不积极进取，就很容易被顾客和公司管理层忽略，更容易被市场所淘汰。要想像店铺里的优秀伙伴那样在顾客面前或棘手问题上胸有成竹，凡事都能得到他人的肯定和称赞，那么一定得有自己独特的、别人无法取代的本领。

要在工作中培养特长。特长给人激情和成就感。有的人的特长是陈列店铺各式各样的产品，只要是她负责的区域，经她陈列出来的产品，每次都能得到顾客的喜欢，并给她带来可喜的销售业绩。慢慢地她就对陈列产生了浓厚兴趣，主动通过各种书籍学习如何把陈列做得更好。把兴趣点变成自己的核心竞争力，会是良好的开端。

另外，我们都明白在工作和生活中，一个人的发展并不会是一帆风顺的。我们总是会时不时碰到不如意的事情，影响我们的情绪、影响工作成绩。可往往是这个时候最考验我们，如果我们在这个时候懂得积极进取、迎着工作压力勇于向高难度的工作挑战，想出可改变这种局面的方法，那么我们将会成为最受欢迎的人。不管我们接受的工作多么艰巨，只有沉着镇静、处变不惊、不轻言放弃的人，才是店铺中最终的胜利者。因为只有这种人，才有能力乘风破浪、独挑大梁。如果我们有天塌下来都不怕的信心，那么还有什么困难是我们不能克服的呢？在市场竞争激烈的环境下，积极进取、迎着压力勇于向高难度工作挑战，碰到问题以积极心态尽快找出解决问题的办法，这些是我们必须培养的核心竞争力。

户外活动主持现场

慧点迷津

1. 自我分析，找出自己的长处

首先改变观念，每个人都有其优、劣势。不要告诉自己：我是刚进店的伙伴，没有优势。其实，哪怕是没有一点工作经验的伙伴都有独特的优势。因为每个人都有自己的特长和爱好，如果爱好一件事情，你就会把自己全身所有的能量都集中在这件事情上，再加上人人都有灵感和潜能，很快你的长处就会通过工作成绩展现出来。所以要相信，相信是一种力量。

当观念调整过来后，就开始行动，把成为一名优秀伙伴的标准一一列出来，自己依据这些标准一条一条去对应，哪些是你擅长或感兴趣的，你就暂且定为这就是你的长处所在，以此为目标，慢慢塑造成真正的长处。

2. 不断学习、实践，使长处转化为核心竞争力

所谓核心竞争力，就是具有竞争优势的、不易被别人模仿的、独特的知识和技能。提高自己的核心竞争力，就是增强自己的个人竞争优势，让别人无法取代你。

（1）不断学习、实践，将学习成果转化成工作能力。

对于学习来的知识，如果我们只是停留在“知道”的观念层面，那只是“知”，离“行”还有很远的距离。而到了“行为”这个层面，也只是“能”，它也不能成就一个人，偶尔的行为并不能成就大事。一个人要成就一件事业，要成为团队中不可替代的人员，就必须有自己独特的、无可替代的核心竞争能力，才说明这个长处已经成为此人的一部分，成为他的一种属性。

（2）不要迷信已具备的知识结构，要有创新精神。

我们学来的现有知识和技能是前人总结出来的，而前人那些充满智慧的成果，仅仅是伟大的里程碑，而非终点。我们应该将学来的知识和技能技巧放到实践中去检验，在实践中不断去创新。这样我们才能在工作中举一反三，触类旁通。

激情工作：要做就做业绩女王

积极+积极=两倍的积极，积极+消极=抵消，消极+消极=两倍的消极。没有激情，哪来的动力？那么，在激情到来之前，我们要做什么样的准备呢？可以说，除了高度的认同感，我们别无他法。

案例

小莲在店铺工作1年了，在公司本次晋升中，区域主管强烈推介她做店长。公司很多人颇有异议，有人问区域主管：“她虽然说业绩一直很好，但做店长跟做导购是不一样的，除了业绩好，还要其他方面达标。按公司规定，在店铺服务的时间至少要达到两年，才能晋升店长，怎么1年时间她就能晋升为店长了，不会是偏袒她吧？这样可不行，将来你很难服众的。”可区域主管坚定地说：“没有，我怎么可能偏私，我强烈推介小莲，是因为她这一年来的工作成绩和表现优异。”

的确，如区域主管所说，小莲在这一年来非常不错，月月都是本店销售皇后，更多时候还是区域的销售皇后。她是一个刚从学校毕业不到两年的高中生，相貌平凡，来自农村，没有什么社会资源和关系。她进入店铺工作时，和很多85后、90后一样，有韧性、自尊心强、个性张扬、较随意、创新能力强、接受能力超强，但跟别人不同的就是，工作的时候她很认真，接待客户非常有耐心和热情，在店铺工作的每一天都充满着激情。

除了热心服务好顾客之外，她对自己的伙伴们也十分关心，团队精神强，集体责任感也强。有一次，店铺外面下着蒙蒙细雨，路上行人比平常少很多，按照常态，这时候店铺的顾客也是三三两两，没几个人。店铺里的伙伴们都是一张苦瓜脸，这时积极乐观的小莲说："姐妹们我们来做一个游戏吧，反正没有顾客，我们自己找找乐子，站着也是站着，不如找找事情做，调整一下我们的状态。"说着便开始拉着店里的几个姐妹一起玩了起来。

不一会儿，店铺的气氛变得热腾腾的了，大伙儿脸上也都有了开心的笑容。正在这时进来了一个顾客，姐妹们以愉悦的心情接待了这位顾客，最后这位顾客开心满意地购买了1000多元钱的东西离开店铺。像这样的事情在店铺里经常发生，小莲这样的举动不但帮到了自己，也帮到了店铺里所有的伙伴。用伙伴们的话说：我们店里只要有小莲在，就不怕寂寞和无聊了，她就是我们学习的榜样。

小莲真诚地和伙伴们分享了自己的心路历程：我来自农村，父母一生辛勤劳作，依然无法改变困顿的生活状态。我必须努力工作报答父母，改善家里的经济状况。我经常提醒自己，现在好好努力几年就可以过上很好的生活。我也经常会对自己说：难道我非要等到走投无路，生活给自己很强烈的刺痛时，才能下决心好好去努力吗？不好好为自己的人生去努力，对生命就是一种浪费。浑浑噩噩地过日子是人生最大的罪过。

我们每个人都应该珍惜自己的时间，为自己的美好人生好好拼搏。我渴望过很好的生活，也渴望让自己的家人身体达到最佳的健康状态，衣食无忧，可以去世界各地旅游，每天都是幸福的模样。所以我不会再浪费自己的时间，只想好好投入战斗。

每当想放弃的时候，我就问自己对家人真的充满那种发自内心的爱吗？如果是真的，为什么还不让自己的家人过上很好的生活，还不去好好为自己的人生努力？不努力就代表我内心的爱只是一种假象，不敢承担。成功永远属于那种意志坚定、充满激情的人，如果我再对我的人生讨价还价，就说明我是一个软弱的人。

所以我每天一定要积极地去做我该做的事情，把每一件事做到极致，绝不当逃兵。

凭着这样的心态，我在工作上永远保持应有的激情，不断创造优秀的业绩。既然目标清晰了，**要做就做业绩女王，只有我是第一，机会才会降临到我的身上。**这个世界就是这样，第一名的光芒太耀眼了，自古就是“赢者通吃”。

分析

工作和生活要永远充满激情，没有人喜欢整天跟一个垂头丧气的人在一起工作和生活，因为情绪的传染像病毒一样非常地快，而且效果非常明显。在店铺里工作的伙伴都会明白，店铺里一个人的情绪好坏可以决定业绩的好坏。如果我今天情绪好充满着激情，那么我表现出来的一系列行为是充满正能量的，业绩自然也是非常理想的。

相反，今天心情不好，激情不高，那么在店铺里的一切言谈举止都是低沉的、让人不愉快的，业绩自然也是非常不理想的。所以我们在店铺工作一定得充满激情，如果我们工作没有激情，对工作产生倦怠心理，就会严重影响我们在工作上的表现，一系列的连锁反应就会随之出现——工作犯错、业绩受损、升迁无望、形象打折。这些连锁反应会过早地扼杀我们在公司的前途，加薪、晋升等都只能成为空谈。案例中的小莲就深刻地明白这个道理，所以她在店铺能抓紧时间，把握机会，做最好的自己，很快得到晋升的机会，为自己核心竞争力的打造赢得了主动。

曾经有两个著名的短跑运动员，一个在50米项目上成为了世界冠军，另外一个则连续取得了100米、200米和400米项目的亚军。不言而喻，后一个运动员付出的艰辛比前一个要多得多。但他俩后来的遭遇，却迥然不同。因为世界冠军的身份，前一个运动员成了他所在国家的骄傲，所到之处迎接他的都是鲜花和崇拜他的少女，众多的企业请他做产品和形象代言人。他的身价，几乎就在一夜之间增长了几百倍。与此相反，那位连续取得三个项目亚军的运动员却像被人们给遗忘了一样，几乎没有企业花钱找他来为自己做宣传。

这个并不公平的道理很简单。按照人们的记忆习惯，最容易记住第一个，越往后越难被记住。比如说，几乎所有的人都知道世界最高的山峰是珠穆朗玛峰，但调查发现超过99%的人不知道第二高峰是哪一座；很多人知道在奥林匹克运动会上为中国拿下第一块金牌的是许海峰，但同样有超过99%的人不知道第二个冠军是谁，也很少有人知道2004年奥运会为中国拿到第一个冠军的是谁。第一的好处是显而易见的，因为没有什么广告词比第一更有说服力，它更能引起消费者的兴趣和信任。所以我们要做就要做第一，成为大家公认的业绩女王。这样我们的机会才会更多，这样才能更快让我们拥有美好人生。

慧点迷津

1. 激情来源于生命的原动力

正常人都会有情绪波动的时候，但作为有目标有斗志的职业人士，我们在工作的时候就不能允许不良情绪来影响工作业绩。那我们怎样才能永葆激情呢？最重要的是我们要找到让我们永葆激情的原动力，只有找到我们生命的原动力，不断给自己激励，才有可能永葆激情。每个人的人生经历不同，内心关注的事情也是不一样的，所以每个人的原动力是不一样的。比如上面案例中小莲所说的，她的原动力就是想让家人过上更好的生活，每次在她想放弃时就会想起父母的艰辛，那种打不死的斗志就由心而发了。也就是说找到你内心最关注的事和人，把他们的形象放在你经常能看到的地方，比如把照片放在钱包里、床头、店铺休息间等。让他们不断激励你，向着目标冲刺！

2. 激情来自高度的认同感

如果我把你关在一个房间里，并且给你一本你完全不感兴趣的书，要求你激情地阅读，你就会告诉我，无论我有何种至高无上的权力，我最多能让你无奈地阅读，却无法让你充满激情地阅读。

这真是有趣极了，人的思想是别人无法束缚的，这种自由真是一件幸事，但与此同时也是别人很难帮助和启发的，这又很不幸。事实上，积极+积极=两倍的积

半坡饰族终端讲师培训班

极，积极+消极=抵消，消极+消极=两倍的消极。没有激情，哪来的动力？那么，在激情到来之前，我们要做什么样的准备呢？ 可以说，除了高度的认同感，我们别无他法。有的伙伴对自己经营的品牌没有认同感，接待顾客时，对产品没有信心，容易表现出犹豫的神情，不经意间就打消了顾客的购买欲。如果我们自己都不相信自己的产品，如何说服顾客购买呢？所以，只有高度的认同感才会伴生持续的激情。

激情，来源于一种根深蒂固的认同感，去做自己喜欢的事情，激情自然得到发育，这是一种萌生激情的好办法。

3. 持续拥有工作的激情

没有任何人能够整天做自己喜欢的事情，即便你是世界首富也是一样的，这完全不是钱或者其他物质条件能够决定的。所以我们**在工作期间偶尔出现情绪低落的现象，是很正常的，只要及时调整就好了。**那么，有哪些方法可调整情绪呢？

第一个方法：当你感觉工作没什么热情的时候，就找那些失业的人聊天，问问他们的感受，你马上就感觉自己很幸福了。

第二个方法：当你工作不如意的时候，找积极乐观的朋友沟通，努力想想你工作究竟是为了什么？自己做得如何？

第三个方法：经常到天桥上看看那些乞讨的人，你会觉得自己多么幸运啊，应该珍惜拥有的一切！

第四个方法： 我们经常会说到劳逸结合，所以最好每周去户外运动、爬山，有条件的可以到大海边，把心中所有的不快大声喊出来，情绪疏导了，心态就平和了。

另外我们还要知道当我们陷入困境时，凡事都有解决方法。上天给了我们问题的时候，同时也给了我们解决问题的方法，我们只要去寻找解决问题的方法就行了。我们还要懂得从不同角度看问题就会产生不同的结果。例如，在我们终端经常会有这样的事情发生，天下大雨，很少有顾客进店。如果我们积极去看待的话，就会是这样的情况：团队负责人带头说：好呀！今天下大雨，街上行人一定会很少，进店的顾客也会很少，真是太好了。这样我们就有更多的时间来学习专业知识，处理我们该处理的工作，之前店铺里顾客满堂、川流不息，一直没有这么好的时间静下心来学习成长。

反之，如果消极地看待这个事情的话，那么店铺就会听到很多这样的声音：唉！又下大雨了，这可怎么办呢？今天的业绩又泡汤了，真是很讨厌呀，下什么大雨呢？然后店铺里一个个都愁眉苦脸地你看我，我看你，大眼瞪小眼，没事做就开始聊天、玩手机，或做其他与销售无关的事。所以说同样一件事情从不同的角度去看就会产生不同的结果。我们在店铺工作中凡事都要从积极的一面去看，这样总会在不经意间收获成果。

跟瞎忙说拜拜：用结果思维引领自己走向成功

《请给我结果》这本书里说过：任务是一个执行假象，因为我们绝大多数的人在实际工作中，当自己以为自己是在执行的时候，其实是在完成任务，因为你没有结果！我们要懂得一个基本道理：对结果负责，是对我们工作的价值负责；而对任务负责，是对工作的程序负责，完成任务不等于结果！

案例

小红在A店铺工作已经五年，今年24岁，现在的职位是店助。她每天的工作流程是：上班、下班、看小说、睡觉，有时会跟宿舍同事出去逛街。在上班时非常忙，一天接待、服务顾客不断。下了班很多时候只想睡觉，偶尔看下小说，节假日就去逛下街。问她感觉怎么样？她会说：就这样了，没什么特别的，做我们这行都这样的，服务行业工作时间都是比较长的，有时也感觉比较辛苦，下了班就只想休息了。公司的业绩目标也高，店铺工作事情也多，碰到节假日和月底还要加班到很晚。

又问她：五年来，每天都是这样过，有没有想过再过一个五年你会怎么样？她回答说：没想过，每天都是在为了生活这样奔波了，也觉得很好的。也许到时会有其他很多意外事情发生，反正不知道，现在感觉好就行，管不了那么多呀。再问她：你现在24岁，再过5年29岁了，会面临结婚生子、组建家庭，进入女人另外一个阶段的生活，你有想过到那个阶段时你会是什么样的生活吗？工作还会像现在这么稳定吗？市场对人才的要求还是会这样吗？她回答说：结婚后是什么样的生活，当然想过好的生活了，但具体是怎样还真没想过，感觉好像轮不到我想，想了也没用，计划不如变化快，谁知道我将来会找个什么样的老公。工作稳不稳定，市场对人才要求怎样，我还真没想过。现在觉得很好的，每天上、下班，到发工资的时候有工资领，累了就睡觉，休假时就约几个同事出去逛下街……

这就是小红的工作和生活状态，她就这样工作了5个年头，每天忙忙碌碌，有时连给家里人打电话报平安、陪父母聊会儿天的心情都没有，忙累了就消遣，啥也不想。

分析

一个人没有方向、没有目标地瞎忙，就好比我们提着行李去一个陌生城市，没有明确的目标，站在这个陌生城市的车站，看着前面四通八路的大马路，路上车来车往，可自己却不知哪条路哪辆车是属于自己的，当时的心情是那么的无助、恐慌。这是一个正常的过程，在每个人的人生中都会经历，有的人经历时间长一些，有的人经历时间短一些，有的人甚至一辈子都在瞎忙中度过，这是多么可悲的事情啊！所以在我们工作时，做事要有规划，有计划地认真投入到每天的工作中，做一行、爱一行、精一行。用完美的结果思维来引领自己做出正确的选择，为自己的成功迈出坚定的步伐。

我们在**终端升迁的一般要求是：业绩达标或创造奇迹、表现好、心态好。**因为公司要的是结果，而不是要我们勤勤恳恳去完成每天的工作任务就算了。为什么公司要的是员工的功劳（结果），而不是苦劳（任务）？从公司与员工之间的本质关系上来说，公司是一个商业组织，员工与公司之间是商业交换关系。公司付给我们工资或薪酬，我们就要提供相应的结果！这里要重点说明的是，公司要的是结果，也就是劳动的结果，而不是劳动。劳动是不值钱的，只有劳动的结果才值钱。也就是说功劳是价值，苦劳却不是价值。《请给我结果》这本书里说过：任务是一个执行假象，因为我们绝大多数的人在实际工作中，当自己以为自己是在执行的时候，其实是在完成任务，因为你没有结果！我们要懂得一个基本道理：对结果负责，是对我们工作的价值负责；而对任务负责，是对工作的程序负责，完成任务不等于结果！

在同样时间进入同一个平台发展的伙伴们，有的人能在很短时间内得到公司的提拔，一步一个台阶迈向更高的职位，不断创造奇迹，拿到公司发展中需要的每个结果。有的人就会像案例中的小红一样，每天瞎忙满足于苦劳，满足于“我尽力而为，我勤勤恳恳把每天的工作任务完成，结果是怎么样我也没办法，我也懒得去想”，把上班当成结果，以为只要上班就可以领工资，这种观念大大地扭曲了员工与公司的关系。如果是这样的话，店铺靠什么生存？公司靠什么得到发展，来迎接市场残酷的竞争？客户会因为店铺员工很辛苦，但没有提供优质产品服务或创造更多有价值的东西而付钱给我们？

慧点迷津

1. 工作要有规划

我们的工作一定要有规划，不能麻木地度过每一天，比如：当我们进入店铺后就要先了解清楚店铺给员工的晋升通道，然后结合自己的实际情况，做出详细可行的规划，多长时间转正，多长时间成为达标高手，多长时间晋升为店助，多长时间晋升为店长，多长时间晋升为区域负责人或其他岗位等，我们进店铺工作一定得有这样清晰的规划。时间对于每个人来说都是公平的，在同样的时间内你有规划，抓住了它，合理地运用了它，那么它就会成就你的工作、你的生活。否则只是任其白白流走，没有一点收获。

我们的人生也是一样，如果我们每天都只是埋头苦干，从不抬头看看，认真分析一下自己的人生该如何去规划，做一些长期目标和短期目标，每过一个阶段认真去分析每一项工作有没有达到我们自己预期的目标，总结提炼达标的原因在哪儿，没达标的原因在哪儿，从中找到适合自己发展的核心竞争力，那么我们的人生将会是一片迷茫，就像是没有导航的帆船，在茫茫的大海中随意漂流，漂到哪儿算哪儿。

2. 工作要以结果为导向

我们做销售的底线是，你必须懂得客户之所以给你钱，是因为你做事的结果，而不是因为你付出了什么。你如何辛苦并不重要，你提供了什么有价值的东西给顾客才是最重要的。

我们接待顾客时，得一心一意，让顾客感觉到你在全心全意为他服务，顾客不会管你的店铺人多人少，他只在意你怎么服务他，所以我们在服务一个顾客时一定得把整个销售服务流程做到位，除非你感觉到顾客另有想法，或已经买单，我们才能去做其他事。一定不能为这个顾客服务两下就跑到另一个顾客跟前说两句，又跑到第三个顾客那里做两个动作，搞得顾客想找你问个什么都找不到人，顾客当然会走人了。结果你就会白忙活儿了。当然，店铺顾客多，不可能一个导购只接待一个顾客，这种时候我们一定得学会一个导购同时接待多个顾客。

比如说这个顾客在试穿衣服，你可以拉着你接待的另几个顾客一起过来看看，然后你跟他们一起互动，来赞美这个在试穿衣服的顾客，在互动中创造一种抢货的感觉，这样就不着痕迹地吸引试穿的顾客把单买了。再比如介绍产品时如果顾客看中的产品是同一系列的，可以以一对多的方式给他们介绍，还可跟他们互动，然后再根据顾客的不同身材、不同要求去仓库拿产品给顾客同时去试穿。总而言之，我们要一步一个脚印，把每一个销售服务流程在顾客身上做到位了，才会有结果产生。要不然就会出现费力不讨好的结果，累得个半死还没几张成交的单。

真诚到永远：像待朋友一样待客户

我的销售经验告诉我，销售本没有什么技巧，做好本职，熟悉自己品牌和产品的优、劣势，做好每一项服务，把“服务好顾客是使命”这一观念融进我们的血液里。只有这样，我们的业绩才会达标，而不是花更多的精力去探索各种各样的销售技巧。服务本来就是一种营销，是一种境界更高的营销。

案例

进店铺工作一段时间的小蓝，没能熟练掌握公司销售产品的相关技能，也记不住一些产品的专业知识，所以在服务顾客时总是显得不那么专业。但是她有一点是做得很到位的，那就是她每次服务顾客时都非常用心，很有耐心，不管顾客对她是什么样的态度，即使顾客用藐视的眼光看她，她也是微笑面对顾客。

每到这时她总会想：我真的很热爱这份工作，很喜欢我的每位顾客，不管他们是以什么样的态度对我，我相信这都是暂时的，因为我会不断地钻研、努力做到最好，一次比一次好，总有一天会得到他们的肯定的。她总是自我激励，真诚待人，所以不管她的专业技能有多差，对产品有多不熟悉，顾客看到她这种真诚的态度，很快给了她回报——成为她真挚的朋友。

有一次，一个中年大姐气势汹汹跑进店铺，说：“你们这里是个杂货店吧，还说是品牌呢，品牌能卖这种产品吗？”她看上去是个很难缠的顾客。小蓝赶紧跑到那位大姐跟前，朝着她微笑，搬了一把椅子让大姐坐下，接着倒了一杯温水给大姐，然后说：“大姐不要急，有事慢慢说，请先喝杯水，消消气。”大姐接过水，坐了下来，不怀好意地对小蓝说：“你自己看吧，你们给我一个交待。”

小蓝接过产品一看，不是哪里坏了，只是在关键部位掉了两颗水晶钻，显得不那么好看了。小蓝很有耐心地问大姐：“姐，您真有眼光，买的是我们店里最畅销的款，也很适合您。那我想问下姐平时不用时是怎样保管这款产品的？”大姐说：“不用就放在家里或放在包里，还能怎样？”小蓝微笑着说：“姐，是这样的，它属于高档饰品，不用的时候也是要好好保管的，就像我们平时爱护我们的白金、黄金首饰一样。不过没关系，它只是掉了两粒水晶钻，我马上给您补上，再给您戴上，就和原来一样了。”

那位大姐用怀疑的眼光看着她说：“你没忽悠我，坏了我还是会来找你们的麻烦的。”小蓝还是微笑着说：“姐，您放心，我们不是摆地摊的，今天在这儿摆，明天在那儿摆，产品出了问题您连人都找不到。我们是在这里长期固定开着店铺做生意的，公司总部在广州，是一个正规的品牌店，所以您放一百个心。但姐，我一定要跟您说清楚一点，您也一定要记住，平时不用时也要像保管您的贵重首饰一样去保管，因为经常和其他东西一起摩擦，再美的产品也会变得不好看的，和我们平时买的名牌衣服一样的道理，如果一件很贵的毛料衣服，和普通衣服一起放在洗衣机里混绞，过些时候衣服也会变得没那么顺色了，甚至还会坏。您说是吧？”

经过小蓝的耐心服务，顾客慢慢平和地接受了她的服务，并安然无事地离开了店铺。

分析

俗话说：人心都是肉长的，不管我们是哪个行业的一线工作人员，你在服务顾客时，用不用心不是靠嘴巴说出来的，而是靠我们在服务顾客过程中的每一个动作表现出来的，顾客是会有感受的。比如，美容院的美容师在给顾客洗脸，顾客闭着眼睛躺在那儿休息，没有用眼睛看着你，更有可能没有用耳朵在听你说什么，但你的手在顾客脸上来回按摩，用心与不用心按摩的力度或到位程度是不一样的，顾客是能感觉得到的。

在竞争日益激烈的市场环境下，很多品牌店铺的服务都比原来有很大的提升。像案例中的小蓝，学历不高、技能不高、职务不高、经验不足，是一个刚进店不长时间的普通店员，但她却能被评为公司的年度服务之星。所以，干一行，爱一行，精一行，只要用心，就有收获！除非我们要离开这个岗位离开这个行业，否则最好不要混日子，做一天和尚撞一天钟。每一位顾客都是我们的衣食父母，不管他有没有消费，都要用心服务好，打动他，因为一个客户后面至少有两百个客户在等待着我们去服务。

做销售，服务好顾客是我们每一个从事服务性工作者的使命。我在培训中了解到老板和员工有这么一个共同观念：当业绩不好时，就怪没有销售技巧，总认为要想销售好一定得掌握五花八门的技巧，以便来应对各种疑难问题。**我的销售经验告诉我，销售本没有什么技巧，做好本职，熟悉自己品牌和产品的优、劣势，做好每一项服务，把“服务好顾客是使命”这一观念融进我们的血液里。**只有这样，我们的业绩才会达标，而不是花更多的精力去探索各种各样的销售技巧。服务本来就是一种营销，是一种境界更高的营销。

慧点迷津

1．站在顾客的角度来看我们的店铺

一种方法是我们可以做一份调查，了解顾客对我们店铺的整体印象，并请他们说出自己的建议；另一种方法是邀请顾客在我们的早会或晚会上发言，听听来自顾客的真心话。之后总结提炼，重新调整顾客对服务品质的期望。不要仅仅满足期望值，更要超越期望值，要提供一个独特的、能让人记住的产品和服务。一旦有可能，

就个别化，甚至定制服务，这样顾客与店铺之间就建立了一种朋友关系。

2. 感同身受地去关心顾客购买的产品

（1）随时做出响应：在顾客离店时再次告诉顾客洗涤的注意事项、存放的方法，向顾客保证我们对他们提出的问题会及时回应。比如，发放店铺的联络卡、告知顾客导购的姓名和电话号码，以便在出现问题时顾客可以和店铺取得联络，不要让顾客有后顾之忧。

（2）消费回访：在顾客购买产品后，我们要适时打个回访电话询问顾客对产品是否喜欢、穿着是否舒服、洗涤是否有什么疑问。关心是顾客最钟情的营销方式，又是最具人情味的促销手段。我们如果像关心自己的服装那样关心顾客，他们就会更加信任我们，会成为我们的长期顾客。

（3）始终如一：我们要让顾客了解到我们不光有优质的产品，我们还有周到、热情、细心的服务，无论售前、售中、售后服务，都始终如一。一个专卖店在商品销售的整个过程中，进行有效陈列，微笑、周到地服务，却在销售后，将热情转移到别的顾客，就会让顾客感到受骗了，认为我们的目的就是销售，进而不愿再相信我们。服务要自始至终，与售前、售中相配合，达到一种和协与完美。

3. 积极建立与老顾客的情感联系渠道

俗话说得好，感情是靠培养的。与顾客之间的情感联系也是日积月累的，这样我们与顾客之间才会从相识到相知再到相熟，最后成为朋友。

一般我们在店铺通过以下几种渠道与顾客进行情感联系：

第一，在新款即将上市时，我们可以给我们的顾客专程打去电话问候和告知信息。同时也是感谢顾客对我们店铺的支持，产品新款即将上市了，款式、颜色都是他们最喜欢的，也是专门为他们订的货，而且还特地准备了很多精美的礼品送给他们和他们的朋友。

第二，逢年过节，祝福顾客，感谢他们在过去的一年中对店铺和我们的工作的支持和厚爱！在这个重大节日里，为了迎接他们的到来，店铺里外都布置得相当漂亮，特地为他们准备精美的小礼品和购物优惠。

第三，周年店庆，在店铺的周年庆到来之际，诚恳地邀请顾客及顾客的朋友领取礼物，因为这是我们店铺的生日，是回报顾客的时候，没有顾客的大力支持，店铺的生日又如何能过得好？电话主题是以感谢和赠物为主。

第四，平日促销，在平时店铺销售不是太好时，我们可根据产品和天气的情况，邀请顾客来店铺内坐坐，给我们提宝贵意见，顺便准备些时令的小礼物。

第五，服务细节，服务是在店铺销售和同行竞争中最重要的“软”实力之一，也是最能区别于竞争品牌的不同之处（差异化），所以在我们平时的每一个销售细节中都要注重服务，待顾客就要像待你最好的朋友一样真诚。

我们在每次与顾客发生联系时，请别忘记请顾客带他的好朋友一同前往。因为来的顾客越多，我们的销售机会就越多，这样我们结交顾客朋友的机会也更大。

跟品牌恋爱：做老板最喜欢的人

在新世纪、新时代、新形势下，我们得明白：想拥有好的发展平台，一个自己认为不错的品牌，我们得清楚一切的一切来自我们自身对待品牌的态度。如果我们能用跟它谈恋爱的那种态度去面对它、维护它，那么我们所选择的任何一个品牌都将会是我们最满意的。

案例

工作繁忙的时间里，从一家休闲咖啡厅里，传来酣畅淋漓的笑声，从这笑声中可以听出，在场的人得有三四个，她们非常开心。仔细一看，是行业里算得上是老店员的林木在和她的几个闺密闲聊。她前两天刚从一个品牌店辞去店员的工作职位，原因很简单，疲了，想换个品牌发展。在那儿工作，第一，不开心；第二，赚不到几个钱；第三，得不到老板的欣赏，找不到工作成就感，觉得没有发展前途。这是她出来工作六七年中的第六次辞职，也是更换服务品牌的第六个，辞职一次更换一个服务品牌。

因为正是咖啡厅比较清闲的时间，所以她们可以毫无顾忌地敞开心扉聊天。站在咖啡厅门口就能听到她们的聊天内容，有的说："现在竞争激烈，在这种大环境下，能找到一个非常好的品牌发展并不是一件简单的事。前些天还得知我一个朋友也辞职在家休假。青春有限！得找个好一点的品牌好好发展才行，可结果就是找不到，不是产品不好卖、品牌没有知名度、老板没有实力不舍得做活动，就是不喜欢那家店铺的氛围，和同事们相处不开心，也得不到老板的欣赏和重用，感觉没有发展前途。”还听到有人说：“得想开一点，工作不是生活的全部，绝不能成为工作的奴隶。更不能像他们60后、70后那样活得那么沉重，整天在讲什么人生呀、目标呀！累！工作最关键的是要开心，自己喜欢，所以哪里工作开心、能赚钱就在哪儿做，趁着年轻有资本多消遣，多赚点钱，这样才算不白来世界一趟。反正现在各大品牌都缺终端导购，像林木你这种有六七年的店铺销售工作经验的人要找工作那是很简单的事，任你挑。等玩够了，哪天想工作，整理一下行头，就可以很快找到一个称心如意的品牌店铺从事导购工作……”

分析

在新世纪、新时代、新形势下，我们得明白：想拥有好的发展平台，一个自己认为不错的品牌，我们得清楚一切的一切来自我们自身对待品牌的态度。如果我们能用跟它谈恋爱的那种态度去面对它、维护它，那么我们所选择的任何一个品牌都将会是我们最满意的。情人眼里出西施，我们看什么都会往好的一面看，我们经常会说：积极的态度像太阳，照到哪里哪里亮。所以好的品牌，有发展前景的平台就在我们身边，也许我们正在其中茁壮成长着。好好珍惜、好好努力才是我们眼前最重要的事，而不要总是想着外面会有好的品牌和发展平台，整天朝三暮四。

我们还要明白的是，**我们现在不是赚钱的年龄，不是收获大事业的年龄，是学会讨人喜欢的时候**。原因很简单——那些会讨人喜欢的年轻人能够获得更多的发展机会、得到更多比我们优秀的人的帮助、学到更多对我们有帮助的知识，进而有助于实现美好的人生目标。我们平时不管在工作上还是在生活上评判一个人或决定一件事时，不也都是习惯于看我们喜不喜欢这个人，和这个人打交道舒不舒服。所以我们要学会讨人喜欢。

讨人喜欢是我们这个年龄阶段的伙伴最重要的事项，因为我们这个年龄是储蓄将来能干一番事业的最佳时期。学会了讨人喜欢，我们学习、成长的机会就会多很多，自然也就为我们美好的将来奠定了很好的基础。

慧点迷津

怎样能够学会讨人喜欢？换位思考一下，如果你是老板、是团队的负责人，下面有那么多的伙伴都是需要给予平台和机会的，那么团队里态度端正的，积极主动的，对上司有恭敬心、有感恩心、有责任心、懂得服从的伙伴一定会先得到你的关爱和帮助。

所以说我们要学会讨人喜欢，拥有更好更快的发展，那么我们在平日的工作中就要做到：积极主动、谦虚好学、有团队合作精神、恭敬和服从于自己的上司、感恩于自己的老板和身边的同事及顾客、忠诚于自己服务的品牌、对自己的未来有着远大的抱负。如果一个终端伙伴给加盟商老板和上司以上那种感觉，那么他们会越来越喜欢和信任这样的伙伴，更会放胆让这样的伙伴帮自己在管理上做更多的事，给出更多更大的发展平台和机会。

自我管理：让不良习性“去无踪”

我们在店铺的点点滴滴都在训练我们的品性。粗放、随意、没有原则，这一切都是这样训练的结果。如果抱着解决问题的目的，而不是减轻心理压力的目的去思考问题，就必须在自己身上找原因，做好每天在店铺工作上要求的点滴，做好每一个细节，从而让自己养成一个好的习性。

案例

小周进店工作时间不是很长，是个略有男孩气的女孩，工作认真，待人热情，就是有点大大咧咧，平时一些习性不太好。如：公司要求所有店员统一着装，仪容整洁，公司总部定期抽查，这可难为了小周，每次公司正式检查时她会做得很好，可检查一过后她就打回原形了，头发不扎整齐，衣袖翻卷，工作证忘记带……屡次被公司神秘工作者扣分、扣奖金。

小周愤愤不平，牢骚满腹：自己的业绩不是也说得过去吗？公司干吗总在着装打扮这样的小事上计较个没完呢？也不知道公司花那么多钱请来的那些个高管，一天到晚是做啥的，正事不干，净做些表面好看的工作，一看就是不懂我们终端店铺人的真正需求。说什么今年标准年，市场店铺的形象和管理要提高一个水平。整天围绕着我们穿什么、个人卫生等一些鸡毛蒜皮的小事纠缠不休，真没劲儿。能不能重点关注一下我们店铺的业绩好坏，要那些下店抽查的人来到店铺多帮我们做点业绩，那样多实惠呀。总是查查查，烦死了……

分析

店长要管好人，就必须抓住人的习性做文章，从改变和培养下属的习性入手。这是一个核心的切入点。为什么呢？我们先看看好的店铺与差的店铺的区别究竟在哪里。

好店铺是不是因为有一个吃苦耐劳的好店长？是不是因为有一群任劳任怨的好员工？是不是因为有一套管理机制？都是，但我更想说都不是。为什么呢？大多数店铺的店长都是兢兢业业的人，几乎全身心扑在店铺，尽职尽责地工作；对员工也没有太多可挑剔之处。很多员工留在店铺继续做，就是因为他们的店长为人不错。但这样的店铺不一定会成为好店铺。

很多店铺的员工都非常努力，每天工作到很晚，店长也很重视员工的素质，试图通过培训，甚至不断换人，来获得最能吃苦的员工。这样的店铺也不一定会成为好店铺。

至于管理机制，我们的总公司都会不断地引进好的管理机制，有些店铺从成立到现在都不知实施过多少套店铺管理机制了。所以，我们的很多店铺，不缺能干的店长，不缺勤奋的员工，不缺先进的管理机制，但这些都不足以铸就一个好的店铺。

导致一家店铺成败的差别到底在哪里？

在终端实际工作中我们会发现，如果店长或区域管理者抓陈列，那么陈列就会做得非常好，有时做出来的效果像是专业的陈列师做的一样。但是，这样的好景不长，最多保持 3 天，但我们的店铺陈列不能每次只做好 3 天。所以，我觉得观念上的认同没有问题，偶尔为之的行为也没有问题，最大的问题是我们不能持之以恒。一个人要成就一番大事业，必须靠持之以恒。持之以恒，才说明这个优点已经成为此人的一部分，成为他的一种属性。

同样，好店铺不在于有一拨儿特别能吃苦耐劳的人，也不在于有什么绝招。好店铺和差店铺的区别就在于：好店铺明白简单的道理，把简单的事情重复做，天天做到最好；差的店铺尽管明白道理，也有能力做到，但不会天天去做。所以，长期、持续、稳定才是我们解决管理问题的核心。店铺与店铺的差距，说到底就是：能否坚持，能否将店铺中的看似简单的事情做到持之以恒，直至成为我们的一种习惯，融入血液里。

在店铺这个舞台上永远都只有小演员，没有小角色，只要我们用心做好自我管理，持之以恒地去行动，最后变成一种习惯，养成一种好的习性，即便是个小演员，也能演出主角的风采。

慧点迷津

1．习性决定成败

很多成功的个人和店铺，工作经验可以归结为“坚持”两个字。他们多年走过来的路让他们坚持了很多东西，坚持的这些东西让他们养成了一种好的习性，这就让他们拉开了与普通人和普通店铺的距离。所以，不管是个人还是整个团队，拥有一个好习性才是我们解决管理问题的核心。

如，一个店铺的好业绩并不只是由产品好、品牌知名度高、店铺位置好等决定的，而是店铺所有一切做到最好的自然结果。我们平时容易忽略的迎宾、店铺工作人员的着装标准、站姿标准等小细节，这些做得不到位都是由于我们的不良习性造成的，那么这些会不会直接影响到我们的业绩呢？答案是一定会的。

综观整个市场我们会发现，凡管理规范的大品牌，在这方面都有非常严格的要求，店铺每个成员都有着良好的工作习性。同样我们也会发现他们进店的顾客不但多而且还很有品质，进到店铺的顾客个个都会对导购笑容满面，很好沟通；反之，店铺进店的顾客就会少，进去的顾客也变得挑剔。所以说好习性能造就一个优秀的人和一个好店铺。

2. 好习性是训练出来的

在平时我们都会听到说坚持很重要，坚持为什么那么重要呢？因为坚持就是训练。我曾经跟一个伙伴就早起的话题有过这样一段对话，伙伴问我："老师我知道早起很重要，可我就是做不到。"——这位伙伴是来自农村的。我问她："在家时，你爸妈一般几点钟起床？""5 点多钟。"——农村人有这个习惯，5 点多钟就起床了。"那你在家里一般睡到几点起床？""起码睡到八九点。""为什么你不能 5 点起床，而你爸妈能做到？""他们习惯了。"

实际上早起这个习惯是在生活中养成的，是生活训练出来的。所以，我认为最好的训练就是生活本身，生活是最好的老师。我们终端伙伴在店铺的主要生活就是工作，工作就是最好的训练。

我想说出一个真相：店铺的工作每天每时每刻都在训练人。有人说店铺应该成为一所学校，店长应当是一个老师。其实不管应不应该，也不管你愿不愿意，店铺就是一所学校，店长就是一个老师，这是店铺的属性，而不是人们的愿望决定的。店铺伙伴的许多坏毛病都是我们日常训练出来的，比如你问她什么时候可以开会不迟到？什么时候可以不怠慢顾客？她总会说：对不起，我本不想这样，是因为……才导致我这样的，本来应当会……

不习惯从自身找原因的坏毛病就是这样给训练出来了。为什么说是训练出来？每当店长这样问我们的时候，我们都习惯这样说，而且说后也没有觉得不好，大家都这样说。还有我们的店长或老板每当听到伙伴们这样说时，也都不去认真追查，而是放任自流，听之任之。最后，大家养成了信口开河的习惯，养成了不负责任的习惯。这就是训练，纵容也是一种训练。

所以说，我们在店铺的点点滴滴都在训练我们的品性。粗放、随意、没有原则，这一切都是这样训练的结果。如果抱着解决问题的目的，而不是减轻心理压力的目的去思考问题，就必须在自己身上找原因，做好每天在店铺工作上要求的点滴，做好每一个细节，从而让自己养成一个好的习性。

自我暗示：激发生命的潜能

潜能开发的关键是：重复、重复、再重复！它将会有神奇的效果。记住，潜能开发跟做事是另一回事，不要每天只是潜能开发不做事。最好的做法是，做事情的时候不要忘记潜能开发！去掉杂念—留下概念—建立观念—树立信念，你是天生的赢家！不要怀疑，你是一个自信、快乐的人。你完全有能力去创造自己美好的人生！

案例

小丽是进店工作不到三个月的新员工，一直表现很好，可最近店长明芳发现她工作没那么投入，业绩也有所下降，于是店长约小丽下班后聊天。小丽知道店长约她，肯定是有事聊，心想最近比较郁闷，工作状态不是很佳，不会是店长看出来，要批评自己吧。她惴惴不安地赴约了。

店长果然是见她平日的工作状态不佳，特意找她谈心。这是店长第一次这样郑重地找她谈心，刚开始小丽很紧张，怕挨店长批评。可事实不是小丽想的那样，店长很关心小丽，就像姐妹一样跟她闲聊着，让小丽很放松、很舒服。没过多长时间，小丽解除了对店长的防备心，敞开心扉跟店长说出了真实想法。

小丽说：我来店铺工作有两个多月了，一直也是任劳任怨，用心服务每一个顾客，做好每一件事，可心里始终没有成就感和那种被人尊重的自豪感。看着身边的同事都那么自信，积极进取，每天能得到顾客的迎面笑容和不停的称赞，再想想自己从来没有过这种感觉，让我有一种强烈的自卑感，心想为什么其他伙伴能得到客户的认同、称赞，而我却不能，在店铺的每一项工作我从没有怠慢过呀！

有一次，我上早班，店里人少，来了一个顾客，进门就说：“请帮我找你们店里的小梅，我想买几件衣服，要她帮我挑一下。”这时我很客气地上前迎接了这位顾客，并热情地服务她，给她解释小梅上晚班，我一样会很专业地为她服务的。谁知那个顾客用异样的眼光斜视了我一下说了一句：“那我下午再来吧。”然后就离店而去。当然这种情况也很正常，在我们工作中经常会发生。可我每次一想到这些，心里就不舒服，为什么会这样呢？久而久之感觉自己可能不适合做这一行。这种情绪很快也带到了工作上，不料被你发现了，真不好意思。

店长听完小丽的诉说，站在小丽的角度安慰了她，给小丽讲了她当初进店工作的感觉，鼓励她坚持下来，不断给自己创造奇迹，不断给自己惊喜。

分析

在工作和生活中，一个人的发展并不会是一帆风顺的。我们总是会时不时碰到各种不如意，来影响我们的情绪，影响工作成绩。可往往这样的时候就是在考验我们，如果我们在这个时候懂得积极进取、迎着工作压力勇于向高难度的工作挑战，激发出我们的潜能把工作做到最好，那么我们的成长是非同一般的，也将会成为最受欢迎的人。

对于在店铺工作时间长一点的伙伴来说，时不时会有一种疲惫、厌倦的感觉，尤其是碰到困难的时候，更加会有一种想放弃的想法，或是对自己的能力产生怀疑。这时很希望得到一点鼓励和理解，哪怕是一个简单的鼓励眼神和一句简单的理解话语，就算有再大的目标压力，心里也是舒畅的，充满信心的。我想这是众多终端伙伴们的心声，那么怎样才能保持工作的劲头和热情呢？这里除了店长及时了解伙伴心理，真诚鼓励和理解伙伴之外，伙伴们自己能不能找到方法呢？答案是：完全可以的。

我们每个人在这个世界上，都是独一无二的个体。自己一定能够做到你想要的。也许你有些地方与别人相似，但你仍是无人能取代的，你的一言一行都体现出你自己的个性，因为这是你自己的选择。你是自己的主人——你的身体，从头到脚；你的脑子，情绪思想；你的眼睛，你看到的一切事物；你的感受，不管是兴奋快乐，还是失望悲伤；你所说的一字一句，不管是说对说错，中听还是逆耳；你的声音，不管是轻柔还是低沉；以及你的所作所为，不管是值得称赞还是有待改善——它们都是独一无二的。

知识和经验没有力量，相信才有力量。所以你要相信，他能，你也能！只要你相信，奇迹一定会实现。

慧点迷津

1. 设立目标

设立目标对于伙伴们来说是再熟悉不过的事情了，可我们每次的目标设立给我们的成长和收获带没带来帮助呢？答案是：不一定。那是因为我们设立目标没做到位，设立目标一定要使目标视觉化，我们把目标写在或画在目标卡上！比如你要做本月店铺冠军，不要忘记把目标放在目标卡上，再加上美丽的皇冠（图、照片），皇冠旁边写着大大的目标数字，你看到的是目标数字和冠军的荣誉皇冠！你要得到房子，不要忘记把房子（图、照片）放在目标卡上，这样更能梦想成真。

2. 自我暗示（确认）

每天不停地暗示自己："我喜欢我自己，我是最棒的，我一定会成功。""这房子一定是我的。""我将要成为本月店铺冠军，拿我要的皇冠！"

3. 目标实现想象

每天早上起床时和晚上入睡前想象目标实现的样子："走进这个漂亮的房子，太好了，这就是我要的房子。""公司领导在众目睽睽下把闪亮发光的皇冠亲手送到我手上，而且还给我鼓励的拥抱，并和我合影。这真是太好了！” 这样反复想象，让它们深深地印在你的脑子里， 融进你的血液里。

4. 重复、重复、再重复

潜能开发的关键是：重复、重复、再重复！它将会有神奇的效果。记住，潜能开发跟做事是另一回事，不要每天只是潜能开发不做事。最好的做法是，做事情的时候不要忘记潜能开发！去掉杂念—留下概念—建立观念—树立信念，你是天生的赢家！不要怀疑，你是一个自信、快乐的人。你完全有能力去创造自己美好的人生！

5. 引用名言名文进行自我激励

建议大家每天可以多花上十分钟，念《世界上最伟大的推销员：羊皮卷启示录》中的成功誓言，你的力量会无比地强大，你对自己的信心会无比坚定。

知心姐妹：团队共赢谱写激情燃烧的青春

21世纪不是个人英雄主义的时代，而是靠团队打天下的时代。作为终端工作者，一定要懂得团队精神的重要性，在工作上要懂得团队配合，发挥团队的力量；在生活上要学会过集体生活，为自己、为身边的伙伴共同营造一种积极上进、有幸福感的朝阳团队。这样我们每个青春美少女才能在自己人生中的黄金阶段谱写激情燃烧的青春。

案例

这天人流量不是很多，差不多下午五点了，小燕子还没有开单，心里十分着急。五点多的时候，有三个靓女进店了，其中一位看中了一套衣服，就拿来试穿，另外两位在旁边做参谋。考虑到“人多口杂”的因素，为了更顺利地做好那张单，也为了进一步发展顾客，店里的伙伴就开始打起配合来了。小燕子就把其中一位“参谋”拉到一边聊天，另外两位由其他伙伴服务。小燕子拉的这位是个非常斯文的女孩，不大喜欢说话，姑且就叫她“斯文美眉”。小燕子一边跟她聊天，一边仔细观察她，看到她的眉毛比较乱、没有型，初步估计她平时不怎么化妆，一问，果然如此。于是，小燕子就积极地给她介绍：我们某某品牌是形象设计室，专门为一些想改变而不知怎么改变的美眉提供通往美丽的跳板。然后小燕子又给她初步介绍了一些化妆的知识。看她听得很认真，小燕子就“得寸进尺”地提出给她修一下眉毛。看样子她好像有点犹豫，也许是小燕子的热情和真诚打动了她，她没说不修，默认了。

在小燕子帮“斯文美眉”修眉时，试衣服的那位靓女也选好了衣服，买单时发现带的钱不够，就过来“寻求支援”。随意一瞥中，小燕子看到她口袋里没什么钱了，就没抱太大的希望要推销东西给她，只是想把她服务好了使她有可能成为回头客——顾客也是她们的活广告，服务好了一位顾客，也许她会帮你带来十位顾客甚至更多；她今天不买，不代表她以后不会买。

帮“斯文美眉”把眉毛修好后，她十分满意——很明显修后比修前漂亮了很多、精神了很多。这时小燕子有意带领着她在店内走了几步，并真诚地夸了几点变化大的地方，专业地教她平时在家怎样去打扮。这时店里的所有伙伴都投来羡慕的眼神，并由衷地说：“真漂亮，和刚进店时完全不同了。”在店内大伙儿的配合下，小燕子巧妙地增加了顾客的信心，说服了顾客。

小燕子在与“斯文美眉”聊天中了解到，之前买衣服的那位靓女是她的嫂子，她男友在东莞开了家公司，再过几天她哥哥就要生日了，男友想送台车给她哥哥，她刚刚就去陪她嫂子看车回来，只等晚一点男友下班后一起过来吃饭——因是随便出来逛一逛，没带多少钱。

小燕子立刻感觉到她男友应该很有钱，就提出帮她化点淡妆。化好妆后她更开心了，小燕子趁机鼓动她配一套化妆品。她是属于没多少主见的人，就跑去问她嫂子的意见，她嫂子一看对比那么鲜明，立马鼓动她配一套，等她男友过来买单。小燕子趁热打铁地拉她到各个展示柜观看，帮她配了一套化妆品、一条丝巾和一套衣服。

这时店内伙伴过来帮助小燕子一起服务顾客，小燕子给顾客解说，伙伴就帮她拿产品。在最后试衣服时她又有点不想要了，小燕子和伙伴们又及时专业地给她讲解色彩知识，讲解适合她的色彩是什么，加上店里其他伙伴的配合，她很满意地接受了小燕子和伙伴们推介的所有产品，总价是15000元。

买完单已经差不多9点了，这张单虽说时间长了一点，不过小燕子感觉真的是很有收获的，进一步体会到了做成大单的那种喜悦之感，更深刻体会到“团队的力量是无穷的”。心想，下次其他伙伴需要帮助时，她绝对不会袖手旁观的，一定会尽全力协助伙伴一起服务好顾客，把每笔销售做成。因为，在店铺工作要想做成大单，不但要靠自己的付出，更要其他伙伴的大力配合，再厉害的人很多单也不能完全由一个人完成。只有我们每个人都抱着这样的信念，服务好每一位顾客，做成每一笔销售，我们的团队才会共赢。

分析

在现实的工作中，我们经常会有案例中的这种情况，很多时候业绩做成不是单靠一个人的力量就能完成的。发挥优秀的团队精神对我们完成销售目标是最有帮助的。

常言道："一个和尚挑水喝，两个和尚抬水喝，三个和尚没水喝。""一只蚂蚁来驮米，驮来驮去驮不起，两只蚂蚁来驮米，身体晃来又晃去，三只蚂蚁来驮米，轻轻松松抬进洞。"这两种说法产生了截然不同的结果。"三个和尚"虽是一个团体，可是他们没水喝是因为互相推诿、不讲协作；三只蚂蚁之所以能轻轻松松抬米进洞，就是团结协作的结果。"团结就是力量"一点都没错，而且团队合作的力量是无穷尽的，一旦被激发，这个团队将创造出不可思议的奇迹。

21 世纪不是个人英雄主义的时代，而是靠团队打天下的时代。作为终端工作者，一定要懂得团队精神的重要性，在工作上要懂得团队配合，发挥团队的力量；在生活上要学会过集体生活，为自己、为身边的伙伴共同营造一种积极上进、有幸福感的朝阳团队。这样我们每个青春美少女才能在自己人生中的黄金阶段谱写激情燃烧的青春。

慧点迷津

1. 说话时多使用"我们"

在团队里与伙伴们处理好关系，平时的称呼非常重要。在说话的时候多使用"我

东莞华辉家具销售精英特训营

们”这个代词，不要使用“我”“你”“他”或者直呼姓名。如果团队里每一位伙伴能做到这样，那么可以帮助我们的团队成员形成一种集体意识，让大家从团队的角度去想问题，而不是总从自己出发。

2. 分工明确但不呆板

明确的分工可以让每一位成员清楚地知道自己要做什么，什么时候做完，做到什么程度。这样就能够避免由于分工不明确而造成的部分人员闲置的问题。如果不清楚怎样进行分工，那么我们可以尝试给每一个任务都指定一个负责人，这是最简单的方法。但又不能呆板，当分工确定后，如果某一任务的负责人员遇到了某些困难而无法完成的时候，应该适当调整分工或者让其他成员帮助他们完成，不要死守原来的分工。比如，店铺陈列或卫生清洁都已分区域分人头负责，但如果团队里有人陈列特别专业，那么也可请她指导其他成员完成自己区域内的陈列或请她做整体店铺陈列效果的把关人。

3. 加强团队成员的日常交流

不定期地安排一些聚会或者一些团队活动。比如，下班后一起吃饭、打球、一起参加公司举办的集体活动，这些都是很好地加强团队成员间交流的方法。不要小看这一点，这是非常重要的。团队成员的日常交流可以让大家更加亲近，从而在店铺工作中更容易进行合作。如果平时大家之间就有默契的话，在工作时的表现就更游刃有余。

4. 有一个团队核心

这个核心是指团队当中起核心领导作用的人。注意，这里不是指具体某一事务的负责人，而是从全局角度把握整个团队方向的领导人。团队核心的作用是让团队的决策更加明确、效率更高。当然，团队核心不能独裁，但是一定要果断且懂得协调团队成员间的关系。

5. 让每个人感觉到自己很重要

我们要让团队中的每一个人都感到自己很重要，这样大家做事才会更有成就感，也更有责任感。一个人一旦觉得自己不重要，往往会非常沮丧，从而失去激情，工作效率和创造力显著下降。怎样让店铺伙伴感觉自己是重要的一员呢？店铺里的很多事情我们学会用民主方式进行研讨决定，而不是由某个人拍脑袋。比如，店铺月目标制订，店长可以告诉大家公司给定的目标数字，然后调动士气，鼓励大家献策如何超额完成目标，再各自制订出有挑战性的个人高目标，这样团队全员都参与了，对完成店铺目标有了主人翁的感觉，今后更会自动自发地去完成每一件事。这样既体现了团队精神，更让管理者省心了。

青春无悔：把店铺工作当一生的事业去经营

“把工作当作是自己的事业去经营，店铺就是你经营的事业”，这个理念会带领我们成为牛根生所说的“一头跑出火箭速度的‘牛’”，就让我们将正确的理念贯彻到底。

案例

在一个灯火辉煌的小巷子里，此时已经是晚上9点了，根据当地的生活习惯，人们都准备休息了。街上行走的人慢慢变得很少，各路门店也都开始关门停业了。但在街道的中间有一家这样的店铺，店铺里的员工还在忙忙碌碌，有的人打扫卫生，有的人整理产品，有的人服务顾客，有的人在为今天目标未达成的数目做最后的努力（派单迎接新客人）。当天的目标当天完成，工作上做到日清日高。

这家店铺的伙伴们周而复始地这样一天、一周、一个月地度过。公司月度最高业绩优秀店铺是这家店铺，月度店长最高业绩优秀奖是这家店铺的店长，全公司十佳优秀员工这家店铺占了两个，各种荣誉称号尽入囊中。

当公司文化部的工作人员采访她们，问到为什么能做到这些时，她们的店长对工作人员说：“店铺工作就是我们每一位的事业，我们也都把店铺当成了我们的家，店铺来的顾客就是我们每一个伙伴家里来了客人，我们每一个伙伴对顾客就像对待自己家里的客人一样，真心想经营好自己的事业，发自内心地爱这个‘家’，从而爱这个‘家’的一切。产品哪里摆得不好看了，我们会及时调整；哪里不干净了，我们会及时打扫干净。所以你们会看到我们如此敬业，把自己的工作视为事业用心经营，整个团队都是一派积极向上的气象。说实在的，我们每一个人都很欣慰，都感到很荣幸能在这样的团队里工作、成长。”

分析

世间万物，芸芸众生，各司其职，自有一番风景。就人而言，我们虽没有能力选择出生，却有权利选择自己的生存方式，有能力去填充生活的内容跟色彩，选择了不一样的工作就会有不一样的人生。我们选择了连锁终端店铺工作，相信也会有不一样的明天。所以既然我们已经选择了，就不妨用心经营到最完美。

不同的工作态度带来不同的命运。人到中年时，有的人还面临着不停地换工作；有的人会在行业呈现出蓄势待发的状态；有的人已经步入成功的道路……

如果我们把工作视为职业，我们在工作中的表现就会是：脑海里总是想着为别人做事，是一种打工状态，在对待工作时全力应付，当面对问题时会转移问题，把工作任务当作一种交差，平时经常迟到早退。如果把工作视为事业，我们在工作中的表现就会是：一直认为是在为自己工作， 把自己当作是人生总经理去经营自己的人生，在对待工作时全力以赴，面对问题时有解决问题的决心，每一份工作都做到最好，平时会经常早到迟退。

所以**有专家研究表明：把今天的工作视为事业，在未来的三年五年以后就拥有了自己的事业；把今天的工作视为职业，在未来的三年五年以后你依然只有一份工作。**在店铺里工作也是一样。我们在店铺每天都要做好服务顾客、销售产品、店面行政事务、货品管理和货品陈列、积极开好每场会议、营造店铺轻松愉悦的氛围等事项。这些工作时间做长了，对于很多伙伴来说就会变得越来越简单，越来越容易，就会放松自己。如果把每天的工作视为一份职业的话，在实际工作中就很难做到始终如一，无法不断突破自己创造新的绩效。所以说态度决定一切，关键在于我们每天怎样对待自己的工作。

慧点迷津

1. 清晰我们的工作目标

我们到底是为了谁在工作呢？是为了每天的薪水？还是为了老板？还是为了店长？在我们的店铺会经常发生这样的情形：有人在每天的繁忙工作中，看不到晋升和发展的希望而情绪低落。此时我们得重拾当初的豪情壮志，提醒自己工作的目的是提升自己，学习店铺销售、管理的本领，将来才有资本去选择更好的发展平台。

所以不管有没有晋升机会，都要坚定学习的信念。一点一滴的进步自然会带来水到渠成的结果。以这样的态度投入每天的工作，一段时间后会发现自己各方面的本领都得到了不可思议的提升，自己的付出得到了各方面的认可和赞赏，最终也得到了晋升机会。我们清晰了自己的工作目的，为之付出不懈努力，就会激情四射，对自己的工作有一种强烈的使命感和责任感。仔细想想，原来我们每天都是在为自己而工作。

2. 店铺工作真正的意义

我经常会说：我们要学会换位思考，只有经常换位思考了，才能扫除我们前进的阻碍。我们可以来假设一下，在面对店铺工作的时候，如果我们把店铺当作是自己的店铺，那么你在你自己的店铺里上班是“当一天和尚撞一天钟”呢，还是时时都绷紧你的神经？很显然，你在糊弄工作的同时，也糊弄了你自己。我们不能仅仅把店铺工作当作是谋生的手段，而要使之成为我们的事业，跟我们的前途命运联系在一起。所以请你把店铺工作演绎为自己的事业，打心底里喜欢自己的店铺，相信自己的店铺才是最好的。

如果把我们的店铺比作一艘船，那么我们每个人都是这船上的乘客。所谓“大河有水小河满”，每个人都努力经营，尽力划桨，这艘船就会乘风破浪、勇往直前。经营好店铺，让店铺赚到钱是我们的义务，它就好比我们手中的双桨，我们努力的结果是达到彼岸，即店铺和个人都实现了各自的目标，达到双赢——店铺在不断发展，个人则离梦想越来越近。

“把工作当作是自己的事业去经营，店铺就是你经营的事业”，这个理念会带领我们成为牛根生所说的“一头跑出火箭速度的‘牛’”，就让我们将正确的理念贯彻到底。

3. 把店铺工作视为自己的事业来经营

对于我们工作在终端店铺的伙伴来说，工作就是生活，工作就是事业。因为我们一天 24 小时除了睡觉，其他大部分时间都在店铺中度过。为了不虚度年华，不断地改造自己、修炼自己，只有坚守痛苦才能凤凰涅槃。一旦丢掉了这个，也就丢掉了灵魂；坚守下来，就会觉得一切都是美好的，一切都是值得的。

这样一想，工作就会更加投入，一旦投入，工作就会有激情，而激情将会使人活跃。尽管在通往成功的道路上荆棘丛生，至少我们可以对自己说：我们从未退缩过，从未放弃过。因为我们知道，只有像经营自己的生活一样来经营店铺工作，把店铺工作视作自己一生的事业来经营，我们的人生旅途才能越走越远，越走越开阔。

有一句话说得好：“今天的成就是昨天的积累，明天的成功则有赖于今天的努力。”把目前的工作和自己的职业生涯紧密联系起来，为了对自己未来的事业负责，就得承受工作的压力和单调，相信自己所从事的是一份有价值、有意义的工作，从中感受到使命感和成就感。

做自己的事业：如何实现自己当老板的梦想

我们每一位终端伙伴至少要有管理店铺的经验，也就是说在职位上至少要做到店长级以上的职位，有让一家店铺业绩如日中天和让一家经营惨淡的店铺起死回生的本领，才有机会去整合公司的资源，使自己在一个更高的平台上更上一层楼，做好前期资源积累与整合，从而实现自己当老板的梦想。

案例

店长盼盼是一个非常优秀的伙伴，进店铺工作已经有两个年头了，从店员到店长她都表现非常出色。按时间和她的工作成绩推算，过不了多久她就可提拔成为本区域的管理人员了。这个大大的发展机会即将来临时，她却向公司提出了辞职，原因很简单：不想再打工了，想出去自己干一番事业。几经沟通，加盟商都没有留住盼盼，最后只有祝福她了。盼盼从加盟商吴总那里辞职后，并没有休息太长时间，很快在同一个城市不同的街道开了一间属于她自己的店铺，开始了她当老板的梦想之旅。

一年过去了，盼盼的生意做得如何呢？从经营数据上，我们发现了她的店铺经营得不那么顺利：人难招、优秀的人难留、留下的人工作状态不佳，只能自己一天到晚守在店铺，勉强维持了一年。铺租、人工成本、税收及其他的一些开支，把她压得喘不过气来，没办法最后只能放弃，重新回到了打工生涯中。

分析

中国有一句老话："宁做鸡头也不做凤尾。"可我们知不知道自古以来，人们只有杀鸡，而没有杀凤的，鸡头是会被杀掉的，而凤做得好是被人们所供奉的。所以做鸡头不是一件好事，要做好一个鸡头又不被杀掉更是一件不容易的事。

很多终端伙伴会有这样的思想：我每天这样朝九晚五地工作，全心全意服务好每一个顾客，到头来所积累的资源都不属于自己，而是归功于老板了。想来想去都不划算，宁愿赚得少一点、累一点，也想出去自己单开家店铺，这样一来我所做的一切至少是在为自己积累资源，为自己的梦想在打拼……

这些是伙伴们最现实的想法，不去评价对与错，待我们来一起分析、思考一下：为什么很多伙伴在打工时做得非常好，没任何可挑剔的，可一旦自己独立出去做老板后就不行了呢？一身的本领也得不到施展，憋屈得慌，每天都被那些无关紧要而琐碎的事缠身，还会碰到全新的问题要自己独立解决，这些问题没解决好，一不小心就会让自己的努力前功尽弃。那是因为我们打工时的工作角色和自己独立经营店铺的工作角色不同，工作的内容和对我们的要求也就不同。

打工时的工作相对集中在如何服务好每一个顾客，把产品销售出去。管理团队时只要集中所有能量把团队管理好，无须分散自己的精力去忙与业绩和店铺管理无关的事情。一家店铺要经营好，或多家店铺要经营好，做成连锁事业对我们的能力要求就不止这些了。

当我们还没掌握其他能力之前，就慌忙自己独立出来开店做老板，成功的概率就会很低了。当然也会有伙伴说，身边有很多伙伴自己独立出来开店也做得不错。这种现象也会有，但我们要去了解原因在哪儿？那是因为她的能力储蓄中，不但有销售能力、店铺团队管理能力，还具备经营店铺的其他能力和做生意的潜质。不是每个伙伴都有这样的独立能力和做生意的潜质，所以出去自己单干做得好的伙伴在各行各业中都是少数。

国家主席习近平说：“未来是资源整合时代，是团队合作时代！任何人要实现自己的梦想都不是靠个人能完成的。”搭建平台很累，不容易。前期只是劳作未必能见效益。但是未来，这是必须要走的路，否则很有可能就被淘汰！未来五年所谓的个体户会消失，将被系统化运营的规范公司所代替。改革开放初期兴起了个体户，个体户靠个人单打独斗，获取了可观的财富。可是现在再靠个人能力已经做不了什么大事了。那些个体户将会在未来五年慢慢减少直到消失，被替代的将会是系统化运营商、给客户带来实际价值的规范化企业，将来会出现更多更大更优秀的团队合作和团队运营公司。

所以说，**我们终端伙伴要实现做老板的梦想，摆脱个体户的命运，就要调整观念，与时俱进，打开思维，放眼未来。**整合身边的资源，关注身边的团队合作。那么对于我们终端伙伴来说，哪些资源是我们要去整合的呢？我们现在所服务的品牌、所服务的老板、所服务的店铺就是我们要整合的资源，我们现在的团队就是我们要注重的团队合作。所以说我们终端伙伴要想实现做老板的梦想，拥有自己的一番事业，并且越做越长远，又能摆脱单打独斗的命运，那么与我们现在服务的品牌合作就是最好的选择。

慧点迷津

1. 做好资源整合的前提是做最好的自己

我们要想得到好的发展机会，就得做最好的自己，只有自己优秀了才会吸引更好的发展机会。现在各大连锁品牌都有这种意识，要想留住优秀的人才，最好的方法就是让优秀的人才在这个平台找到实现自身价值的机会，帮助优秀伙伴实现自己的梦想，所以各大品牌都会有和自己优秀伙伴合作的政策。

政策、机会对于终端每个伙伴来说都是公开、公平、公正的，只要足够优秀就会优先获得这样的机会。所以我们终端伙伴们首先得做最好的自己，从而才能得到相应的发展机会，这样品牌里的多种优秀资源才能为我们所用。

我们每一位终端伙伴至少要有管理店铺的经验，也就是说在职位上至少要做到店长级以上的职位，有让一家店铺业绩如日中天和让一家经营惨淡的店铺起死回生的本领，才有机会去整合公司的资源，使自己在一个更高的平台上更上一层楼，做好前期资源积累与整合，从而实现自己当老板的梦想。

2. 实现合作共赢

我们在终端成长的伙伴最明显的优势是：做销售和管理店铺、带领团队的能力。公司总部最明显的优势是：品牌影响力和实力、终端完整的管理系统、优秀人才的聚集之地、与外围各种关系的维系力量等，这些都是我们终端伙伴单打独斗很难具备的，所以得到与公司合作共赢的机会，是我们实现做老板梦想的最好助力。

跟公司总部联营开店也能助我们实现老板梦。不同市场不同公司都有不同的合作共赢政策，我们只要树立自己想做老板的企图心，并努力打造自己，主动和公司取得链接就是良好的开端。好的开始就是成功的一半。

小工具、小练习

周工作表

优先顺序	工作目标 （1. 请依据“月目标”进行；2. 请在本周一前规划填写；3. 按目标重要程度规划优先顺序；4. 完成一项，在完成时限处打 √。）	完成期限

※ 本周目标总结

※ 未完成目标的原因及障碍

※ 克服障碍的对策和方法

※ 本周创新与收获

月度工作目标

类别	目标内容	方法和措施	完成打√
工作指标	1. 收入　　元 2. 老客户销售业绩　　元 3. 新客户销售业绩　　元		
	客户满意度 99% 流失率 1%		
	客户重复购买率 80%		
	客户转介绍率 80%		
	制度执行力 100%		

※ 本月目标总结（请在每月末回到本张对应上表总结分析）

※ 未完成目标的原因和障碍

※ 克服障碍的对策和方法

※ 本月创新与收获

第二章

交对朋友，让生命尽情绽放

中国有句古话：“近朱者赤，近墨者黑。”美国人也有一句谚语：“和傻瓜生活，整天吃吃喝喝；和智者生活，时时勤于思考。”这两句话虽然表述不同，但是有着异曲同工之妙，即讲述的是同一个道理：环境及朋友圈子对于一个人的成长发展影响力非常大，可以潜移默化地影响甚至改变一个人的一生。

现在我们的终端伙伴们都处于成长期、青春懵懂期，身心仍然不够成熟，对外界的辨别和判断处于模糊状态。跟着积极上进的人就变得有目标、积极上进、懂珍惜、懂感恩、负责任、讨人喜欢；相反，就会变得没追求、没计划、做一天和尚撞一天钟、得过且过、虚度年华。所以终端伙伴们在关注工作绩效的同时，更要关注一下身边的圈子是一个什么样的圈子，这样我们在成长的过程中才会少走弯路。

你的朋友靠得住吗

好的同事能成为我们真正的朋友，她们对我们直言不讳、肝胆相照，因为我们天天相处在一起，在每天的工作和生活中会发生很多事情，如问题处理上观念分歧的争吵、并肩作战后取得好成绩，只要我们秉着开放的心态，彼此珍惜拥有的缘分，就可能在日常交往中结成患难之交。只有这样的朋友才会真诚地关心我们，为我们的失误痛心；也只有她们才会直言指出我们的盲区和瑕疵，希望我们快乐、成功。

案例

店铺里的小明是一个性格开朗的女孩，喜欢广交朋友，在武汉这个城市生活工作已经五六年了，朋友不少。工作之余、节假日、自己过生日时，只要她呼唤，来一起玩耍的朋友有大把，因为大部分都是她付钱。她大方、热情，不太注重朋友的职业和品性，只要在一起玩得开心、尽兴就行。所以她的朋友来自五湖四海，五花八门的职业都有。小明不喜欢经营和自己店铺同事之间的友谊，因为她觉得平日工作就在一起，下了班还在一起玩，特没意思，所以她一人单独在外租房住，工作之余结交外面的朋友。她觉得这样广交朋友才符合她的性格，这样她的生活才过得五彩缤纷。

有一次她吃坏了肚子，最初只是拉肚子，只得打电话请假，在自己租的房子里休息。但没过几个小时，肚子痛得厉害，动都动不了，她知道问题大了，一定得去看医生，可租的房子只有她一人住，得打电话叫朋友来帮忙才行。于是她拨通了经常跟她一起玩的朋友小森的电话，对方一听那么严重，要带她去医院，自己得请假，请假要扣钱，而且很难请假，因为眼下是月底，工作都很忙，不一定走得开，就委婉地拒绝了小明的请求，请她叫经常一起玩的另一个朋友小红陪她一起去。

小明没办法又打电话给小红，谁知小红也因为自己工作上的事委婉拒绝了，要她打电话给小花陪她去。小明又打电话给小花，小花说了几句关心的话，然后说家里来老人了得陪家人，走不开，也委婉拒绝了。

无奈之下，小明只好打电话给自己的老板，老板派店铺的一个同事陪她去医院，看了医生拿了药，并送她回宿舍休息，这样才让她从疼痛中解脱出来。这件事情过后小明一直闷闷不乐，也很少出去玩，更加没有再联系小森、小红和小花了。

她一直想不开的是：平日她们四个是那么要好的朋友，经常一起玩，一起聊天，而且她一有好处第一时间想到的就是她们三个，她把她们仨当成是在这个城市里最好的知心朋友。可在她最需要她们的时候，她们却退居二线，不顾自己身体抱恙。那一次如果没有自己的同事，后果不堪设想。她越想越难受，这种情绪直接影响到她的工作状态和业绩，一直持续了一个多月的时间。

分析

这个案例告诉我们：身边朋友虽然多，并不一定都是能与我们共患难的朋友。我们一定要做朋友圈子分析：我们交的朋友质量如何？能在一起玩得来就是知心朋友，就值得付出所有感情和精力去经营，这是没有头脑的错误认知。

人是要看本性的，如果我们把没有正能量、不珍惜朋友之间友谊的人当成朋友，那结果就会是需要我们的时候就会想起我们，不需要的时候或当我们有困难的时候就会远离我们。

有句话是这样说的：在家靠父母，出门在外靠朋友。没错，人一生中会有各种各样的事情发生，在跌倒时需要朋友的帮助，在成功时需要和朋友一同分享喜悦。在我们身边人来人往的朋友，其中有哪几个是我们靠得住的朋友呢？

对于我们大部分终端伙伴来说，这样的朋友最好在店铺同事之间去寻找，因为在店铺这个平台上有足够的机会和时间去验证朋友之间的情谊。从案例中我们就感受到了同事之间那种真诚关爱、无私奉献带来的温暖，所以同事情谊也可转化为共患难的友情。日久见人心，这样我们在交友的问题上会少走很多弯路。

慧点迷津

1. 让可亲可爱的同事成为朋友

在网上可以看到这样的说法：千万别把同事当成朋友。就做销售而言，同事就是竞争对手，不能做真正的朋友。也有人说：同事，下班后就不联系了；朋友，24小时为你开机。还有人说：朋友可以失恋了没脸没皮地在她面前哭得跟坨屎一样，却不会在同事面前伤心得像个猴子一样。这就是区别。

我们在店铺工作的伙伴们可以回想一下，我们在店铺做销售是敌对的竞争对手吗？肯定不是，同事是我们一生的珍宝，拥有诤友式的同事是福气，因为同事是一面镜子，可以帮我们认清自我。

好的同事能成为我们真正的朋友，她们对我们直言不讳、肝胆相照，因为我们天天相处在一起，在每天的工作和生活中会发生很多事情，如问题处理上观念分歧的争吵、并肩作战后取得好成绩，只要我们秉着开放的心态，彼此珍惜拥有的缘分，就可能在日常交往中结成患难之交。只有这样的朋友才会真诚地关心我们，为我们的失误痛心；也只有她们才会直言指出我们的盲区和瑕疵，希望我们快乐、成功。

2. 是同事也是朋友

我们是同事也是朋友，同时存在着两种身份，那么自然就同时肩负着两种角色责任。在工作中我们是同事，每个人都有各自的工作职、责、权和岗位使命，所以在工作中应当怎么处理，就得怎样处理，不能有半点疏忽。这样对公司、店铺、老板、同事、自己都是负责任的做法，否则就是在伤害大家。

很多伙伴会有这样的心理：认为大家平时都是要好的朋友，私下无话不谈，可到工作上就要一板一眼的，做错了就要及时指出来，有些时候还要说得很严肃，真的很难做到，就算做到了心里也会觉得抱歉。

伙伴们有这样的想法可以理解，但心里觉得对对方有愧疚是不对的想法，为什么呢？因为其实你在工作上对对方严格要求这是在帮她，帮她健康地成长。通过大家相互严格的监督，慢慢地她变得自律性强了、专业度提升了、业绩提高了、工资收入增加了、得到公司领导和客户的高度认可了，所以我们不要碍于所谓的面子。下班后我们又是朋友，是可以放松心情、敞开心扉、无话不谈的闺密。生活中的亲密给我们工作中的冲突也提供了缓冲的机会。这样工作上坚持原则，生活中相亲相爱，发展起来的友谊才经得起考验。

重要法则：做对事很重要，交对友更重要

如果我们想聪明，那我们就要和聪明的人在一起，这样我们才会更加睿智；如果我们想优秀，那我们就要和优秀的人在一起，这样我们才会出类拔萃。善于发现别人的优点，并把它转化为自己的长处，我们就会成为聪明人；善于把握人生的机遇，并把它转化成最完满的机遇，我们就会成为优秀者。对他人的成功像对待自己的成功一样充满热情。学最好的别人，做最好的自己。借人之智，成就自己，此乃成功之道。

案例

小明和小花是同学，一起来到成都打工，几经周折，两人在一家连锁品牌店铺上班了。小明和小花虽是同学和同乡，但两人的品性完全不同。小明是一个积极上进、吃苦耐劳的女孩，小花是一个得过且过、只想着不劳而获的女孩。不知不觉她们在那里工作快半年了，小明工作得非常出色，不到两个月就以自己的优秀表现和高业绩获得公司的认同并转正，被派往总公司参加专业的晋升培训。

小花呢？由于她工作过程的表现和业绩都不是很理想，转正推后，看到同伴这么优秀自己也有些不好意思，也知道问题在哪儿，但自己做不到严格要求自己。她觉得这样的工作不太适合她，太累了，还赚不到几个钱，于是辞职了。就这样不到半年时间，小明和小花已不在同一个平台工作，但还在同一个城市，工作之余会经

常在一起玩耍。

不久小明顺利晋升为店助，她想与小花分享自己的喜悦，就约小花下班后出来庆祝。两人有几个月没见面了，见面后不停地诉说各自的生活状况，小花告诉小明她找了一个很不错的男朋友，对她非常好，然后马上给小明炫耀她的幸福小日子：每天不用上班，男朋友给钱花，只要她高兴，无论做什么男朋友都没意见，于是小花每天就网游、逛街、打麻将。

小花说着还时不时在小明面前晃一晃："看看我现在是不是比之前时尚漂亮呢？我最近状态也很好，还交了好多新朋友。"小花说完长叹一声："第一次真正感受到原来生活是这么的美好，不用自己赚钱日子也过得这么好，简直太棒了！"

小明惊喜地问："不错呀！那你男朋友是做什么的呢？"小花说："具体不太清楚，反正是赚大钱的，他比我大十岁，所以特别关心我。我也不太想管他那么多事，累！只要他对我好就行。"小明听后，没说什么，因为小花本来就是要这种生活。

两人开心地聊到很晚，因为小明工作之余也会偶尔玩玩电游，正好小花最近存了很多好玩的电游，趁这个机会就教会了小明好几个。小明玩得很开心，连声说："小花，谢谢呀！我从来没有玩过这些，太棒了。以后你再去多学学，回来再教我！"小花说："没问题呀！我现在有的是时间和精力，这个包在我身上。"

两人边聊边玩，很快便到了凌晨两点，小明突然想起第二天还要上班，于是告别了小花回宿舍休息。第二天小明照常上班，由于昨晚没休息好，白天上班自然精神差了好多，业绩也没达标。到傍晚开晚会总结时，伙伴们对当天的工作都做了详细总结，小明也做了总结，但不好明说昨晚没休息好的原因。精明的店长发现了，会后问她，她说："和一个老乡叙旧了，很晚才回宿舍休息，下次一定改正。"店长看她态度非常诚恳，就只是提醒了一下，没说太多。

又过了两三个星期，小花给小明打电话，兴奋地说："小明下班后我去店铺接你，我男朋友给我买了台电脑，在家装了网络，这样可以随意玩了，我去接你过来参观一下。"小明听后说："好，但这次不能玩这么晚了，我第二天还要上班，上次玩晚了回来第二天没精神工作，被店长说了。"小花说："没事，你自己定时间。"

下班后，小明跟随着小花去到她和她男朋友的住处，两人开心地玩起了电游。时间过得真快，一下子到了深夜 11 点多，小明说："哎呀！不玩了，要回宿舍，要不第二天工作没精神了。"小花说："哎呀！才 11 点吧，再玩一会儿，12 点准时走，我每天都玩到 12 点的，没事的，等下我送你回去。快、快、快打呀，不打很快就死了，哎呀，快点打完这一局就回去！"小明见游戏里的情况不妙，马上继续进攻了。

两人又投入战斗了。一局打完了，小明一看时间 2 点了，赶紧收拾东西回宿舍。自然第二天工作精神又不是很好，业绩目标也没完成。就这样，小明慢慢地工作激情变淡了，在店铺工作一周后就想去小花那里玩游戏。没游戏玩就会在宿舍睡大觉，慢慢变得沉默寡言了，每天除了工作就是睡大觉、玩电游。这样过了大半年时间，小明的工作表现和业绩远远不如从前，提升店长的机会也丢失了两次，店长也找过她聊天，以前上司找她聊天她都会积极面对，并马上付出行动改进。可现在她变得有些麻木、迟钝了，只是应付式地说："谢谢你们关心，我一定会改进，继续加油的！"可过不了几天又打回原形。

小明在工作上的前后表现不但引起了店长的关注，更引起了区域主管的关注，因为区域主管一直想提拔几个有潜力的员工做重点培养，小明是其中一位，但最近没看到小明在业绩上有突出的表现，于是找到店长了解小明的情况。区域主管看小明还没到不可挽救的地步，决定找小明好好沟通一下：建议小明离开她现在的朋友，重新开始新的生活……

分析

物以类聚，人以群分。和什么样的人在一起，就会有什么样的人生。和勤奋的人在一起，不容易懒惰；和积极的人在一起，不容易消沉；与智者同行，会不同凡响；与高人为伍，能登峰造极。积极的人像太阳，照到哪里哪里亮；消极的人像月亮，初一十五不一样。

有人说，人生有三大幸运：上学时遇到一位好老师，工作时遇到一位好师傅，生活中遇上一位带给自己正能量的好朋友。有时朋友的一个甜美的笑容，一句温馨的问候，就能使你的人生光彩照人。生活中最不幸的是：由于你身边缺乏积极进取的人，缺少远见卓识的人，你的人生变得平庸、黯然失色。所以**对处在懵懂期的终端伙伴们来说，我们是谁并不重要，重要的是我们现在和谁在一起，这决定我们会成为什么样的人。**

如果我们想聪明，那我们就要和聪明的人在一起，这样我们才会更加睿智；如果我们想优秀，那我们就要和优秀的人在一起，这样我们才会出类拔萃。善于发现别人的优点，并把它转化为自己的长处，我们就会成为聪明人；善于把握人生的机遇，并把它转化成最完满的机遇，我们就会成为优秀者。对他人的成功像对待自己的成功一样充满热情。学最好的别人，做最好的自己。借人之智，成就自己，此乃成功之道。

慧点迷津

天下没有不散的筵席。当你曾经的朋友人生发展轨迹与你背道而驰时，我们首先应当是充分沟通，建立同理心。

作为朋友，我们对他将来的发展也有一定的责任，所以我们要尽自己最大的努力去引导他走回正道。如果到最后实在没办法规劝，那只能说两人做朋友的缘分已到尽头。当然大家虽然不是志同道合的朋友了，也不必成为行路中的陌生人，大家毕竟曾经是朋友，所以在后面也还是可以保持偶尔联系和适当问候的。但仅限于偶尔联系，绝不能像之前那样经常在一起，因为环境可以改变一个人的成长轨迹。

再者，这个世界就是影响力的世界。人与人在一起，不是你影响我就是我影响你，能量大的人影响能量小的人，自律的人影响不自律的人。所以，当我们还没有足够的能力去影响别人时，最好先离他远一点，先保证自己不要被别人不好的方面影响，等我们具备了足够的能量，再去影响他，帮助他走向坦途。

良师益友：生命中最宝贵的财富

在人生的道路上，如果得到导师型朋友的指点和帮助，就能使我们少走弯路。在我们的生活中不乏这样的例子，有的人竭尽全力，却在事业上一筹莫展，结果良师的一句话，却使其顿开茅塞。“听君一席话，胜读十年书”，是良师更是益友，好导师为我们的人生指点方向，他们就像我们生命中的灯塔。

案例

小张是一名刚刚参加工作的店员，从学校毕业后，正式踏入社会。开始的时候她对新的工作和生活感到十分茫然，有许多事情需要处理，有形形色色的顾客需要专业的服务，她却不知该从哪里下手。针对这样新进来的员工，公司每个店铺的店长都会精心安排一个适合新伙伴成长的师傅带领。

店长同样也给小张安排了一个非常不错的师傅。这位师傅经验老到，综合素质高且乐于助人，这时的小张犹如沙漠中饥渴的旅行者找到了绿洲，经常与师傅交流、向她请教，这让她学到了很多东西，很快便能适应店铺的各项工作，第二个月业绩就达标了。

师傅不但教她接待客户的标准流程和要求及应有的相关技能，还跟她认真分析讲解当前形势，这个行业的发展前景，如何才能在这个经济飞速发展、人才云集的社会找到自己的用武之地；如何为人处世，使自己跟店铺伙伴团结、共同营造和谐的氛围；如何提高自身综合素质，适应各种工作环境，服务好各种类型的顾客，以及无论什么时候都要保持良好的生活习惯，保持端正的工作作风，用知识来充实自己……

适应期很快就过去了，在这大半年的时间里，小张很快找到适合自己的工作方法，取得了相当大的进步，而且在这个过程中，她没有感到丝毫厌倦和压抑，对生活充满积极、乐观、向上的信心……

这位师傅在小张困惑的时候为她指点迷律，帮助她找到了前进的方向，可以称得上是她的良师和益友了。

分析

工作生涯不一定一帆风顺，遭遇工作生涯中的每一道“坎”时，你会感到茫然无措，失去信心和希望。这时能有良师扶你一把，协助你走上成功之路。那是多么幸福的一件事。

在学习中有一种书我们一定要看——名人传记。在看每个名人的传记中我们会发现每一个名人的背后都存在着影响他们的人，这些影响者造就了他们。我们谈不上一定能成为名人，但我们可以立志成为本行业本公司最耀眼的明星。若干年后，你的成功经验也可以为后来的终端店铺伙伴指点迷津。那也是一件值得我们一生去骄傲的事。

所以在我们成长的黄金阶段，得抓住机会，珍惜身边的人对我们的付出，做好自己，赢得我们生命中最宝贵的财富——拥有几个良师益友。正所谓：“读万卷书不如行万里路，行万里路不如阅人无数，阅人无数不如名师指路。”这说明了获得知识的途径是多读书的同时多阅人，并得到名师指点。

慧点迷津

1. 良师益友是最宝贵的财富

在人生的道路上，如果得到导师型朋友的指点和帮助，就能使我们少走弯路。在我们的生活中不乏这样的例子，有的人竭尽全力，却在事业上一筹莫展，结果良师的一句话，却使其顿开茅塞。“听君一席话，胜读十年书”，是良师更是益友，好导师为我们的人生指点方向，他们就像我们生命中的灯塔。

2. 生命中良师益友处处有

“三人行，必有我师焉。”人生道路上指路灯数不胜数，不然怎会有“山重水复疑无路，柳暗花明又一村”的感叹呢？**在店铺里，店长、伙伴、顾客、书籍，只要你用心去体会，他们都将是你终身难忘的良师益友。**

良师益友一：店长（加盟商）。“店长（加盟商）是我们店铺工作的第一导师。”我们刚踏进店铺时，是店长（加盟商）领我们走出了店铺工作的第一步。 在日常工作开展中，店长（加盟商）教我们专业知识和开展工作的技巧；在工作迷茫时，店长（加盟商）给我们指明方向；在销售中受到委屈时，店长（加盟商）教我们学会宽容和处理事情的方法。

店长（加盟商）还是我们最忠实的闺中密友。工作中出错时，店长（加盟商）像朋友一样安慰我们：“世界上没有永远的第一，努力最重要。”店长（加盟商）是我们刚踏入店铺工作遇到的第一位良师益友。

良师益友二：顾客。“顾客是锤炼我们的最好的导师。” 对于形形色色的顾客，我们需要无条件地尊重、服务，有时碰到有资历的，事业、家庭双丰收的顾客，我们还要虚心地向他们请教、学习。因为他们丰富的经验能让我们懂得更多、了解更多。

必要的时候，可以从中认准几个欣赏你的、愿意帮助你的成为你的教练，让他/她指导你取得事业上的成功。同样，顾客在工作中的每次拒绝和要求都在训练我们如何更专业、更敬业。 困惑时，他们的要求或建议就是我们解决问题的最好方法。所以说顾客是我们职业生涯上的默默支持者。

良师益友三：书籍。书籍是我们的精神粮食。它带领我们领略大千世界的风光，又教会我们人情世故。 是书，在我失意时，鼓励我：世上无绝人之路；在我浮躁时，任我倾诉，并安慰我：静以俭身，俭以养德……

3. 修炼自我，吸引良师益友

（1）永远持谦虚心态和感恩心态；

（2）永远持积极上进的心态；

（3）永远持开放的心态；

（4）在工作中拿出最优秀的表现，得到高人的指导。

老板和上司是天然的指导者，他们不仅有这个资格，也有这个能力。尤其是国内那些大的连锁终端的管理者，大部分都是从一线成长起来，乐于和新伙伴分享一路走来的心得。只要我们优秀，成为精英店长或是销售之王，随之思想境界和行为准则就会有大幅度提升，也有更多的机会和老板、上司深度沟通，得到他们的指导。

择友心法：交友不迷糊指南

真正的朋友不分年龄，不分男女，不分级别关系，也不分贵贱贫富，只要你足够真诚。

案例

水莲长这么大第一次离开她成长的城市来到陌生城市的 A 店铺工作，来到了一个新城市，意味着所有的人际关系都要重新开始建立。这对于水莲来说是一件很郁闷的事，可平时工作又忙，外出参加各种活动的机会也少，而且在一个陌生的城市，对哪里都不熟。但朋友还是要交的，没朋友的生活少了很多色彩，对于追求有品质的生活的水莲来说是很难接受的。

正为这事苦恼的时候，她突然想起了网络，于是开始在网上加 QQ 好友，希望通过网络这个渠道能交到称心如意的朋友。不到十天时间，水莲在网上就和二十几位网友打得火热。这些朋友当中什么职业的都有，五花八门，不过因为是同龄人，大家很聊得来。慢慢地，她在休息日就会和这些网友出去吃夜宵、唱 KTV、打网游……业余生活算是丰富多彩。

这样的日子过了大概半年左右。最开始水莲只是在每个月的休息日出去玩，后来慢慢发现和这些朋友在一起很好玩，感觉很开心。这些朋友当中有些还混得很不错，穿名牌，住高档小区。跟她们沟通还能学习到很多她平时接触不到的信息。她觉得收获很大，经常对自己说：要多跟她们在一起玩，才能更好地打开自己的视野。另外这些朋友见她刚入社会不久，也经常开导她。朋友多以这样的道理开导她：要想上班状态好，平时下班后就得有放松的机会，和她们出去疯狂就是最好的放松。

于是在这些朋友的引导下，她开始在平日上班期间也出去玩，有时一玩儿就是很晚才回宿舍。这样次数多了，时间长了，由于水莲太年轻，自控能力不强，很多时候很难把握分寸。慢慢地，水莲的心玩野了，原来坚守的靠自己的智慧和勤劳的双手创造美好人生的观念渐渐变淡了，对目前店铺导购的工作也有很多和原来不一样的看法：觉得做这个工作赚钱太慢，而且还很辛苦，根本看不到做这一行、这一职位的任何好处，反而觉得这些朋友当中赚钱赚得快的行业不错。总之整个人很难全身心投入到现在导购的工作中了。

分析

在我们的人生道路中，往往都会有各种各样的朋友，这些朋友在我们的生命中起着不同的作用。每一种朋友都扮演一种角色，都对自己有或好或坏的影响，那么怎样去选择合适的朋友呢？

由于我们连锁终端行业工作的性质特征，经常会听到伙伴抱怨说：我们哪有什么时间出去交友，每天都是三点一线的生活，宿舍、吃饭地点、店铺，下班了就只想着好好睡觉，没有时间也没有更多的精力去认识圈子之外的人。在少得可怜的休息时间里，我们也只是在宿舍上上网，交友的事也就只能像案例中的水莲一样，通过网络去实现了。大家说的的确是事实，但情况未必如我们想象的那样糟糕。我们的前辈也是这样的工作性质和工作环境，但他们能够经过几年的终端工作生涯，结识很多非常不错的朋友，能在他们需要帮助时及时伸出援助之手。他们每天也是接触顾客、上司、老板、同事，和我们现在的人际交往是一样的，但他们有一些很值得我们学习的地方，他们会从内心深处去尊重他人，找出别人的优点，然后会发自内心去欣赏、赞美和服务他们，会以他们为榜样去模仿他们。他们能达到处理人际关系的最高境界。

所以不要怨这怨那，只要我们用心经营好身边的顾客、老板、上司、同事间的关系，我们的好朋友、良师益友就会在其中产生。尝试着去做，一定会有我们意想不到的收获！最后我们会感叹：原来朋友的宝藏就在我们身边，只要我们用心发现、认真经营，就能找到我们生命中最宝贵的财富。

慧点迷津

真正的朋友不分年龄，不分男女，不分级别关系，也不分贵贱贫富，只要你足够真诚。这里告诉你一条交友黄金法则——你希望别人怎么待你，你就怎样待别人。

1. 与同事成为朋友

同事是我们一生的珍宝，拥有诤友式的同事是生命的幸运和福气。所以我们得善于经营与同事间的朋友关系。

与新同事成为朋友。新同事入职，工作能力不突出，工作中会出现困难，抽出自己的宝贵时间，用来帮助新同事，使其度过前期工作的瓶颈，这样做有两个好处：一来得到了人心，二来交到了一个朋友，两全其美，何乐而不为呢？

如果自身也是新人，大家都在同一个起点上。这个情况相对比较复杂，对于不存在竞争关系的新同事，要把她当作一个朋友来处，但是要注意的是君子之交淡如水，一般情况下，两人也不好走得太近，走得过于近了，容易出现的状况便多了，纠纷、争执，也许就不远了。保持好这个距离，才能很好地与新同事成为好朋友。

与老同事成为朋友。老同事一般都对工作环境（店铺运作、店铺文化、顾客情况……）最熟悉，不管我们是新来的同事还是老同事，我们都会有不如他人的地方，我们可以放下身段，虚心向身边的同事学习，鼓动大家一起去探索。在平时，大家相互间多沟通、多理解、多包容、多互助，就算是有竞争，也是良性的积极的竞争，为了达到双赢状态。

2. 与上司成为朋友

上司在很多方面都会强过我们，按理来说，他们怎么会想跟我们成为朋友呢？其实，真正的朋友没有级别差异，朋友是相互支持、相互勉励、相互帮助的。所以我们在工作中、生活中能够给上司这种感觉就能成为朋友。

比如，上司新上任需要执行店铺没有执行过的某些制度，你可以积极配合执行，事后还可以跟上司一起分析、研究、总结怎样做得更好。再比如，上司在生活上有一些不便说出来的隐私，不巧被你知道后，你不但不会在其他同事面前说三道四，影响上司在团队成员中的形象，还会默默从侧面帮助上司解决难题。

3. 与顾客成为朋友

顾客与我们不是一个“战壕”的人，在销售时各自的立场都不一样，怎么会成为我们的朋友呢？真正的朋友不分年龄，不分男女，也不分贵贱贫富。在终端店铺，我们的伙伴跟顾客成为好朋友，成为闺密，这种实例在很多情况下都是存在的。

如，每次我去美容院洗脸时，都会受到美容导师亲切的接待和专业贴心的服务。我也在不知不觉中成为了他们的朋友，每次去洗脸都会跟他们沟通，把我作为顾客的感受告诉他们，并给出对应的建议。我们与顾客之间不仅是商品或服务和货币之间的交换，更重要的是双方会融入浓浓的情意。日久见人心，只要我们是在用心与顾客交流，自然也会得到顾客用心的回报。

总体来说，只要我们真心与对方相处，各个细节自然不会差太多，即便差了些，对方也能体谅，毕竟真情最可贵。要相信，你把最好的东西送给别人，你就会得到别人身上最好的东西。

超越同事：店铺里的“朋友法则”

如果家庭意味着一个人的自然空间，店铺就是另一个社会空间。它是我们熟悉、温暖、安全的领地。在这里，你来我往，你呼我应，形成利益和情感共同体。同事是工作给予我们的额外补偿，它使我们的生命更加完整，有的同事关系胜过朋友和亲人。

案例

小白是A店店长，在做店长之前她也是这个店长期的销售冠军，服务客户时间长、经验足，可以说，在她手上没有卖不出去的产品。只要店铺的人流量够，她的业绩总是名列前茅的。后来她顺利地晋升为店长了，区域经理对她寄予厚望，希望她把她的销售秘笈与团队其他成员分享，带领团队提升整个店铺的业绩。

做店长半年时间，店铺的管理和店铺的业绩并没有因为小白的上任而得到提升，而是仍保持原来的状况。这半年来并不是小白不够认真、不把自己优秀的一面复制到店员身上，她勤勤恳恳、任劳任怨、经常通过早晚会培训店员专业的销售技巧，有时还工作到深夜，可就是没见到可喜的成果。

她在做店长前参加过总公司的店长上岗培训，培训时老师清楚地给大家讲过店长的角色定位、工作职责权等，所以小白心里清楚有些事情她作为店长有点不守原则，可她还是那样做了，她的想法是：她也是从店员晋升起来的，曾经跟大家亲如姐妹，每天工作很开心。现在自己做店长了，总不能摆出一副做官的架子，安排这个，要求那个，批评这个，训导那个，按公司规定办事，做一个铁面无私、领导满意的好店长，那样显得自己太没有人情味了。

正因为小白有这样的思想，所以她在店铺日常管理上就没了规则。比如，店员开会迟到、没按公司规定穿工服、服务顾客时态度差一点、有事请假等，她都通过人情来管理，只要店员讲的理由她觉得还行就都原谅了，也不及时沟通进行辅导，立下下不为例的规定。她总是在会议上跟大家说：只要大家每天工作开心，把每个顾客服务好，业绩提升总有一天会实现的。加油！

可事与愿违，店长小白这样的处事方法渐露弊端，时间长了，店铺业绩不但没有上去，反而有时出现下降的趋势；店铺团队不但没有因为她够努力、够宽容而成为优秀团队，反而是团队成员经常推卸责任、做单不配合、开会不积极、公司规章制度执行不下去。

分析

如果家庭意味着一个人的自然空间，店铺就是另一个社会空间。它是我们熟悉、温暖、安全的领地。在这里，你来我往，你呼我应，形成利益和情感共同体。同事是工作给予我们的额外补偿，它使我们的生命更加完整，有的同事关系胜过朋友和亲人。

我们连锁终端行业的工作性质让同事间都会有这种感觉：同事是最密切的人。因为同事间有很多共同点：在同一个屋檐下，穿同一种制服，开同样的会，做差不多的事，差不多的时间吃饭，差不多的时间下班休息，有时娱乐的地方都差不多。就好比同一支球队的队员，同一条船上的船员，感觉很亲近。

虽然大部分同事之间只是君子之交，但在彼此眼里却差不多是透明的。谁的男朋友在哪儿上班、谁失恋了、谁的老家在哪里、谁喜欢吃什么不喜欢吃什么，你是木讷还是活泛、简单还是精明、积极还是消极、处在中心位置还是边缘地带、受过

广州自由点服饰店长培训

什么处罚奖励……每个人都心知肚明。隐私在同事之间就像水里的鱼，表面上风平浪静，但在下面游得飞快。所以同事之间很少能捂住秘密，差不多都是裸着的。正因为很多终端的伙伴们是这样的感觉，所以在现实的工作中我们会发现有些同事关系没处理好而影响了工作进展、店铺业绩提升和公司的发展。

一个有战斗力的团队，绝对不是一团和气。俗话说无规矩不成方圆，要想把游戏玩好，我们每一个人就都得遵守游戏的规则，否则游戏没法玩，大家自然都不好了。既然店铺所有人都是类似朋友关系的同事关系，我们都希望自己的朋友越过越好，就更要遵守必要的规则。

慧点迷津

1. 摆正上下级关系

是一店之长，在工作上就是店员们的上级，要以理、以能力服人，既要尊重他们，也要有自己的原则、底线。尽量做到一碗水端平，端不平时也得自己顶着。不能因为怕伤了团队的和气就嘻嘻哈哈，随意破坏规则。到头来不仅害了店员，也害了自己和店铺的发展。

2. 摆正同事的距离

有的同事，积极上进、对人亲热，是发自内心地想有所成长。这样的人要在坚持原则的情况下给予及时的帮助和鼓励。有的同事，表面上很好，暗地里却不照规矩办事，压根儿就是在混日子，满腹抱怨，整天给团队带来负能量。对于这样的同事，绝对不能因为平日关系好，就对很多事睁一只眼闭一只眼，这样不但得不到她的尊重，反而还会让她认为你没有能力。所以对任何同事，都应有原则，不卑不亢、大方得体。

3. 摆正对事的处理

任何店铺、任何公司都有应遵守的规则，要无条件地遵守，作为管理者还要起到榜样作用。

4. 摆正底线

同事接触，说话做事，要有到什么山唱什么歌的区别。但前提是讲原则，遵守公司规章，这是底线。

5. 摆正态度分场合

不同场合，应有不同的态度。如果你始终用一种态度，去对待不同场合的同一件事，肯定会将事情办糟。 工作时就得实事求是，坚持原则，不能优柔寡断；工作以外，大家可以像姐妹一样相处，多关心、多沟通、多体谅、多帮助、共同进步。

超级间谍：商业街朋友们的秘密之多个朋友多条信息

好人脉是成大事者最重要的因素，也是必备的条件。我们在店铺工作，由于工作时间相对长，与其他渠道相比，可能认识朋友的机会相对比较少，那么我们更要抓住机会与我们在店铺工作时接触过的每一个人成为朋友关系，包括客户、上司、下属、同事、从前的同事等。

案例

某品牌的A店铺在本季度是本年来业绩最差的一个季度，店长和相关管理人员都殚精竭虑，但业绩总不见起色。如果说是大环境影响的原因，可在同条街上，不同品牌的店铺，情况就不一样了。其他店铺顾客川流不息，店内氛围热烈，人气很旺，想必业绩不会差到哪里去。A店的店长苦闷极了。

有一天中餐时间A店店长去老地方用餐（那个商圈几乎所有的工作人员都在那儿用餐）。她正在边用餐边看手机信息，突然一个活泼开朗的女孩子端着饭菜坐在了她对面，当时她没留意，因为中餐时间吃饭人多，拼个座位也是很正常的事情。“王店。”那女孩叫了一声，王店长一时没回过神儿来，定睛一看原来是她们A店从前的梅店长。

两人热情地打过招呼之后，王店长便问起梅店长现在的状况。梅店长之前因为家里出了急事，必须得回家处理，而事情很难处理，不知要用多长时间，所以就办了辞职手续。旧时同事偶遇，感觉分外亲切，王店长嗔怪道：“来到这边也没来看咱们店里的姐妹，真不够意思。”梅店长说：“也没来多长时间，还不到一个月，一来就很忙，每天睡觉的时间都很少，准备哪天忙完休息就去看大家。”王店长关切地问：“这么忙呀，在哪儿高就呢？”梅店长说：“离你们店不远，就在那边。”

梅店长指着整条街上最旺的那家店铺。王店长顺着她手指的方向看去，惊叹道：“哇！在那儿呀，真是不远。每次路过你们那儿时，发现店内气氛很好，客流量也很多，你们的业绩一定很好吧？你是怎么到那家店工作的？”梅店长说：“当时我在家办完事，就出来找工作，我辞职后那么长时间一直也没跟公司、加盟商有任何联系，所以不太好意思再回去工作了。正好我表哥有一个朋友也在这边开店，正需要一个管店的，看我各方面条件不错，就请我去他那里工作了。就这样我去了我表哥朋友这家店铺帮他管店。店铺业绩一直都不错，我做得也很有劲头。”

“哦！原来是这样，那很好。我们现在业绩不如从前了，我还正愁这事呢，想了很多办法就是不见起色。”话题打开后，王店长和梅店长深聊了起来，并请教梅店长，提升业绩有啥办法。梅店长说：“我也谈不上好办法，只是站在过来人的基础上给几点小建议吧。”

梅店长之前对王店长印象就很好，再加上王店长很谦虚，梅店长不由自主地跟王店长分享了现在店铺的成功之处，还很详细地帮王店长分析哪些地方她们可以采纳，哪些地方不能采纳。因为是不同行业不同品牌，梅店长觉得没什么可保密的，因此就知无不言言无不尽。王店长采纳了梅店长的意见，回到店铺立即行动，果然没多长时间店铺业绩就有起色了。

分析

当今市场对于我们终端销售伙伴的要求是：不但要对自己的品牌、自己公司的产品、自己的专业技术了如指掌，还要利用业余时间多去了解同一行业、同一个市场不同品牌不同店铺的信息。井底之蛙是很难适应高速发展的信息时代的。

许多时候，我们面临的生活问题、工作问题，单单依靠个人的力量很难解决。但是朋友多了就不一样了，朋友会出主意、出人力物力为你解决难题。因此，世界首富比尔·盖茨说："一个人永远不要靠自己一个人花100%的力量，而要靠100个人花每个人1%的力量。"

好人脉是成大事者最重要的因素，也是必备的条件。我们在店铺工作，由于工作时间相对长，与其他渠道相比，可能认识朋友的机会相对比较少，那么我们更要抓住机会与我们在店铺工作时接触过的每一个人成为朋友关系，包括客户、上司、下属、同事、从前的同事等。

当我们碰到店铺管理难题时，如果有足够多的朋友来帮忙，那就更能顺利渡过难关。只要你真诚待人，当有事情想要去拜访、请教朋友时，总会得到很好的回应。

朋友越多，路子越宽，事情就越好办。现在是高速发展的信息时代，很多行业内的信息，顾客可能比你了解得还多，我们的销售就变得被动起来。所以**我们编织的关系网越宽广，得到的信息越丰富、越精准，服务顾客就显得越专业，成交的概率就会越高。**

慧点迷津

在商业街如何拥有多个朋友呢？友情是最需要小心积累和保存的财富。在朋友的感情账户里，可存入"五种主要存款"：

1. 了解别人

我们要知道认识别人是一切感情的基础，人如其面，各有所好。同一种行为，施行于某甲身上或许能增进感情，换了某乙，效果便可能完全相反。因此唯有了解并真心接纳对方的好恶，才可增进彼此的关系。比如，在同一条商业街上，邻里的店铺跟你们的风格不同，他们带给顾客的是安静、舒适的购物环境，而你们的品牌风格却是热情洋溢的，因为针对的消费人群不同。一般人总习惯于“以己之心，度他人之腹”，以为自己的需要与好恶放之四海皆准。待人处世若以此为出发点，一旦得不到良好的回应，便武断地认为是对方不知好歹，而吝于再付出。我们一定要警惕这种狭隘心理。

2. 注意小节

一些看似无关紧要的小节，如不注重礼貌，不经意的食言，其实最消耗感情账户的存款。在人际关系中，小节万不可忽视。

3. 信守承诺

守信是一大笔收入，背信则是庞大的支出，代价往往超出其他任何过失。一次严重的失信使人信誉扫地，以后很难再建立起良好的信赖关系。

4. 阐明期望

几乎所有人际关系的问题，都源于彼此对角色与目标认识不清，甚至相互冲突。所以，不论是交流工作经验，还是跟同行互换信息，都是越明确越好，以免产生误会、失望与猜忌。

5. 诚恳正直

诚恳正直可赢得信任，是一项重要的存款。反之，已有的建树也会因行为不检点而被抹杀。一个人尽管善解人意，不忽视小节，守信，又不负期望，可是行为不诚恳就足以使感情账户出现赤字。背后不道人短，是诚恳正直的最佳表现。在人后依然保持尊重之心，可以赢得信任。尤其是在同一条商业街的同行朋友之间，特别要注意这一点，我们不要在顾客面前谈论同行的是非，很有可能我们的顾客也是其他店铺的顾客，顾客可能会不经意间传话。所以，我们自己要不论人是非，不让顾客有传播是非的机会。

如花绽放：好朋友竞赛的成功学

21 世纪，不是单打独战的世纪。所以我们终端伙伴做到与时俱进，既要具备团队精神，善于合作，又要参与竞争。如果我们共同达到这个高度，那么同事朋友间的竞赛对我们的成长一定只有益处，没有坏处。

案例

小明和小花是同一个时间来到店铺工作的战友，经过在工作上长时间的碰撞，两人成了挚友，关系好比亲姐妹。两个都是争强好胜的佼佼者，在店铺里的每一件事都要争个高低，有时吃饭都要争个快慢。问她们为什么要这样，万一哪次不服气者要吵架，使坏心眼儿，这不是伤害彼此间的感情吗？她们却说：俗话说得好，不打不相识，这样反而增进了我们的感情。因为只有这样我们每天才会充满着激情，去挑战一个又一个目标，发挥我们各自的潜能。当然我们是君子之交，都是以一种开放的心态，公平竞争，良性竞争，光明正大地竞争，绝不会做那种背后捅人家一刀的小人。我们把个人品牌经营（个人口碑树立）看得比自己的生命还要重要。

目标很明确，努力也是不分伯仲。小明和小花做店员没多长时间，就各自以优秀的业绩和出色的表现晋升为店长，在同一个城市各管理着一家店铺。跟她们同时进公司的还有几个伙伴，业绩和表现就没跟上她们的步伐。因为她们每季、每月、每周、每天都在战斗，都在你追我赶、争分夺秒地前进。一到月底开店长述职会碰面时，两人又好得像一个人似的，乐呵呵相互分享着胜利的果实。真是让人羡慕这种相互勉励、相互鞭策、共同前进的友谊。

每个销售系统都有PK系统，年度、季度、月度各有不同。小明和小花在做店员时就是竞争对手，做了店长后，各自管理的店铺现在也是一种你追我赶的状态。一到月尾、季尾、年尾，区域主管的电话、公司后台的服务电话不断，大部分都是她俩打的，她们在做什么呢？她们在询问对方的店铺业绩完成情况，并想方设法为自己的店铺冲业绩，带领团队成员朝着区域冠军的目标冲刺。

在她俩的带动下，整个区域的竞赛文化营造得非常好。区域主管每次回到公司总部脸上总是笑容满面、喜气洋洋的。为什么呢？因为她的区域自从有小明和小花两个宝贝店长带领的团队，区域的业绩就没拖过后腿，始终是名列公司的前茅。更可喜可贺的是，在她们这种良性竞争的氛围带动下，其他店铺也不甘示弱，有时店铺与店铺之间私下也进行PK。整个区域都是一种生气勃勃、你追我赶的氛围，最优秀的团队也不过如此。这就是个人与个人之间、团队与团队之间竞赛的好成果。

分析

人在长期简单重复的工作中，要持续保持激情，那么我们就要自己学会找到能激发我们内在潜力的动力。不甘平庸是我们每个积极上进有企图心的终端伙伴们的共同特性。在工作上拥有你追我赶的好朋友的人，有激情的程度是其他没有这种朋友的人的好多倍，一旦朋友之间能够在工作上互争互竞互助，不计得失，以一种开放的健康心态互帮互助，那么彼此都能得到快速的成长。

今天的社会是一个充满竞争的社会，我们正处在一个摩擦与协调、矛盾与磋商、斗争与合作、竞争与共处并存的新时期。每一个人都将面临工作和生活给予的各种激烈竞争与挑战。在我们人生最黄金的阶段，即可改变我们命运的成长和积累阶段，就不能浪费一分一秒。作为好朋友就要能同甘共苦、同步前进。朋友间合理的竞争、良性的 PK 可以增进彼此间的感情，让大家共同走上成功的道路。

那么竞赛会不会助长虚荣心，会不会产生负面效应呢？这就必须关注另一个关键词“主动合作”。合作也是我们每个人适应社会、立足社会不可缺少的重要素质。竞争与合作是一对矛盾的统一体，没有竞争也就没有动力，没有合作，竞争往往也会失去方向，导致恶性循环。

21 世纪，不是单打独战的世纪。所以我们终端伙伴做到与时俱进，既要具备团队精神，善于合作，又要参与竞争。如果我们共同达到这个高度，那么同事朋友间的竞赛对我们的成长一定只有益处，没有坏处。

慧点迷津

1. 思想高度统一

在思想层面我们要高度统一，同事朋友间的竞赛目的是：激发各自的工作激情、挖掘各自内在的潜能，增强双方团队的凝聚力和向心力，达到互争互竞互助的状态；而不是恶意攀比，背后使小动作，想方设法去打压对方的士气，扰乱对方团队的军心。更恶劣的是竞赛前还是好朋友，竞赛中没把握分寸，竞赛后连同事朋友都做不成了。这样是非常不对的，所以在竞赛过程中双方都绝对不能计较得失，要有一种开放的健康心态，使整个竞赛活动处于积极、阳光的状态，从而让个人和团队从中得到健康的成长。

2. 执行中注意把握分寸

在竞赛进行中，我们双方可以相互打听对方的业绩完成情况，团队成员的表现状况，遇到对方有困难时及时伸出援助之手。比如：对方店铺在冲刺目标过程中缺少货品，正好你的店铺有这种货品，那么我们要主动叫物流人员帮忙发送过去，以免耽误了对方的最佳销售机会。也就是说任何动作应当是可以摆在台面上，并能得到上司和外人的认同和赞赏的。

在上司面前抱怨公司对自己的不公平待遇、在货品发放上斤斤计较，使得后勤人员很难配合前线的工作，在顾客面前抵毁对方的名誉，并且抢夺客户资源……这些恶劣的行为绝对不允许存在。所以双方在执行过程中要把握好分寸，要以一种健康的心态迎接挑战，这样赢得了竞赛也会是光彩的。

百“毒”不侵：不让朋友的坏情绪影响到自己

不要让朋友的坏情绪来影响自己，坏心情无论是从心理学方面，还是从中医角度来说，都是要不得的。即使你是一个健康的人，只要你的心情长期受到压抑，生病是必然的，心理学家已经证明，一个人在心情好尤其是在发自内心的高兴的时候，他的思维是非常活跃的，工作效率会惊人的高，与人之间的相处是最亲和的；相反一个人如果心情不好，做任何事情都会没有什么效率。

案例

某次在培训结束后，一个学员跟我聊天，坦陈她曾深受“有毒朋友”的困扰。她说：“我有一个朋友有次失恋了，就让我经常陪她在酒吧待到很晚，当时我觉得反正自己下了班后也有空，另外这个朋友是自己多年的好朋友，现在她失恋了，正是最不开心的时候，作为朋友我应当多陪陪她。所以我经常陪她，听她抱怨。同时也开导她、关心她。可一个月过去了，两个月过去了，第三个月还是这样。我的建议她从来听不进去，我的关心也无济于事。最后我为了陪她弄得自己精疲力竭，上班也没精力，业绩也落下了一大截，工作上还总失误。后来，我意识到，这样长期下去是不行的，不但帮不到她还害了自己。我听从老师的建议，慢慢少跟她联系，给她独立空间，让她自己走出来。”

这位学员这样做是对的，作为朋友以实际行动关心陪伴失恋的朋友，朋友还是走不出来，无法活回真正的自己，只能给她时间和空间让她自己解决，因为如果外人太过在乎，反而会让朋友养成一种依赖的习惯，或者会让朋友感觉到压抑而更不想面对现实，就宁愿这样消极堕落下去。

分析

控制好自己的情绪，听起来好像有点难。但是这个心理境界是可以达到的，积极上进的人都在学习如何管理自己的情绪。如果我们任情绪控制我们，那么我们将会烦恼不断，业绩做不好、管理做不好、伙伴关系处不好，长此以往会影响我们自己的容貌和健康。所以我们要在别人的坏情绪来临前就学会自我调节情绪，自己拥有了优良的心态，才能做到百毒不侵。

不要让朋友的坏情绪来影响自己，坏心情无论是从心理学方面，还是从中医角度来说，都是要不得的。即使你是一个健康的人，只要你的心情长期受到压抑，生病是必然的，心理学家已经证明，一个人在心情好尤其是在发自内心的高兴的时候，他的思维是非常活跃的，工作效率会惊人的高，与人之间的相处是最亲和的；相反一个人如果心情不好，做任何事情都会没有什么效率。

我们在终端店铺就会有真切的感受，今天心情好，业绩肯定比心情不好时好很多倍。不好的情绪持续时间长了，身体就会出现各种各样的问题，不想吃饭，脸色苍白，全身无力，甚至失去了对任何事情的好奇心，这是相当可怕的。所以**一个人学会控制自己的情绪是多么重要，尤其是不要轻易让别人来影响自己的心情。**

其实，在我们的工作和生活中，有的人、有些事根本不值得我们生气，我们的心情不能随便让别人来操控。我们不是经常这样说吗：生气是拿别人的错误来惩罚自己。我们没做错事，为什么要受到惩罚？

慧点迷津

1. 做自己情绪的主人

每个人都有烦恼，但我相信大部分的烦恼都是自寻烦恼。成功的人与不成功的人最重要的差别就是：成功的人能够管理好自己的情绪，做自己情绪的主人；我们平常人很难做到这一点，经常会受到情绪的影响。自我情绪的管理是我们自我修炼最重要的一课。我们要学会控制，控制不是只在情绪不好的时候控制，只要是情绪有波动时，都要试着控制一下，就这样一直继续，慢慢就在不知不觉中发现自己成长了，不会轻易受到坏情绪的影响。

2. 学会控制自己的情绪

理由有两个：第一，我们没办法控制环境、天气或别人对自己的看法。唯一能完全掌握的，就是自己的想法、自己的情绪。第二，外在事物无法使我们快乐。

“如果我有……我一定会很快乐！”错了。我可能会因此快乐，但顶多一天，我又会找到别的事来抱怨。比如说，我祈求明天天气好，店铺里的顾客川流不息，果然第二天天气非常好，顾客也来了好多，我便兴高采烈地用心接待着每一位顾客，可没想到忙碌的一天，成交的顾客反而寥寥无几，业绩照样没达标。我告诉自己：“一定是来的顾客都是没有购买力的，或者说我们的产品款式有问题，如果不改变这些，我们的业绩永远都不会好起来。”

想想看，过去的这个星期之中，有什么事让你生气吗？在销售中被顾客投诉了？男朋友忘了自己的生日？钱包被人偷了？仔细想想，让你生气的，不是事件本身，而是你的想法。你认为“任何人都会生气”。错了。不是“任何人”，只是“大多数人”。我们一生中习惯了对某些事有一定的想法，从而引起自己情绪的波动。这些想法使我们有不良的情绪产生——但是我们可以改变我们的想法，学会控制我们的情绪。

扔掉“烂苹果”“有毒朋友”：定期整理朋友圈

现在越来越多的人意识到，朋友可能是让他们感到不快乐的根源。最近几年我们国内专业的心理咨询治疗师的人数也在迅速增加，在咨询的人当中，更多的人想知道，该如何摆脱正在毁掉自己生活的“有毒朋友”。获取友谊是人类的天性，我们只要在交往就会有朋友，也难免会出现“有毒朋友”。尽管获得友谊是人的本能，但我们也要抵制各种不良友谊的诱惑。

案例

南平正在为身边有一个这样的朋友而苦恼着，不知道怎么办才好。于是她找到了加盟商吴姐沟通，希望能够从吴姐那里得到满意的答案。

南平说：我这个朋友就像一个无理取闹的孩子，做的一些事情我绝对看不惯。

比如，在休息日早上接到她的电话要我和她一起逛街，我说等我睡醒打给她，因为平时工作比较累，好不容易休息一天，想睡个懒觉。闭着眼睛接电话的我，只听到啪的一声，电话挂断了。弄得我再也睡不着，她这样莫名其妙地对我发脾气，过后还不接我的电话。

还有，每次跟我在网上聊天，总有发不完的牢骚，说自己赚不到钱，男人都不是好东西，现在谈感情的人都是傻子，自己胖死了，以后晚上不吃饭了，等等。她每次生气的时候，总会打电话给我发泄一通，完全不考虑我在干什么，是否打扰到我。

她还特别喜欢来我们宿舍，毫不客气地把我喜欢的零食洗劫一空；她喜欢躺在我的床上，把我的床单弄得皱皱的；我看电视她会和我抢遥控器；我上网她就推开我霸占电脑来玩电游……

我越来越反感，她似乎浑然不觉。她已经给我的生活和工作带来了很多负面的影响，我觉得非常沮丧。我该怎么办呢？

吴姐告诉南平：如果你感觉到跟她交往很疲惫、很难受，已经影响到你正常的工作和生活时，你的心已经给你发出信号了，到了把她从你的朋友圈子里清除出去的时候了。有些朋友习惯不好，如果你无法以自己的好习惯来影响她，你只有离开她了，不要被她扰乱心情。等她的朋友越来越少时，她自然会意识到自己给朋友带去的困扰，而去调整自己。这对她也是一种帮助。

分析

我们每个人都是需要朋友的，但不是什么朋友都需要，有些朋友就是越少越好，或者不需要，因为她会阻碍你的健康成长，会扰乱你的积极乐观向上的生活。中国有句古话叫“己所不欲，勿施于人”，因此， 每个人都希望多些“良友”少些 “有毒朋友”。

现在越来越多的人意识到，朋友可能是让他们感到不快乐的根源。最近几年我们国内专业的心理咨询治疗师的人数也在迅速增加，在咨询的人当中，更多的人想知道，该如何摆脱正在毁掉自己生活的“有毒朋友”。获取友谊是人类的天性，我们只要在交往就会有朋友，也难免会出现“有毒朋友”。尽管获得友谊是人的本能，但我们也要抵制各种不良友谊的诱惑。

在整理朋友圈之前我们要知道，人的朋友大致可分这三种：良友、诤友、有毒朋友。良友，就是当你需要帮助时他能以合适的方式，以积极正面的态度，在合

广州自由点服饰店长训练营

适的时机给予积极的帮助，使你的眼界和心胸更加宽阔，助你步入另一个成长的境界。诤友，就是当你需要帮助时他会以自己的方式，但不一定是适合你的方式来给你提供帮助，最后还不一定能起到真正的帮助效果。但他是真心的，友善的。

还有一种就是“有毒朋友”。**这种朋友很多时候会用语言或行为给你带来困扰，还经常会给你负面的、消极的信息，让你感到精疲力尽、灰心丧气，影响到自己的心情和生活。**那么我们整理自己的朋友圈，顾名思义就是要定期把“有毒朋友”从我们的朋友圈里清除掉。

慧点迷津

1. 清晰“有毒朋友”的种类

心理学家通过研究，认为“有毒朋友”主要分以下几种类型：暗中破坏型，这种朋友会打着关心你的幌子，经常暗示性地批评你的外表、习惯及行为方式；滔滔不绝型，这种朋友想尽办法要成为关注的焦点，让你围着她转，把她视为公主或是主角，你只能当配角和听众；自私自立型，这种朋友以友谊要挟，不理你的死活，逼你迁就，比如明知你第二天一早上班，还逼你玩到深夜；惯于毁约型，这种朋友会在两个人约好了去逛街时，因为有更好玩的约会，而毫不犹豫在最后一刻甩掉你；多愁善感型，这种朋友会老向你哭诉抱怨，却不解决问题，令你精疲力尽，把你当作不收费的心理治疗师。

2. 定期清理朋友圈

专家朋友建议，交友不盲目、泛滥，预防“有毒朋友”最理性的解决办法是：定期静下心来，好好盘点清理自己的朋友圈。

对于不同类型的“有毒朋友”，我们应该采取不同的方式来“消毒”。比如对于暗中破坏型的朋友，我们要高度自信，在交往的过程中，有鉴别地听取她的话，特别是批评性语言，要理性科学地去分析她所说的，用自己的智慧去判断选择性地听取建议。因为一味地提醒缺点，会使人产生心理暗示，强化缺点只能使事情更糟糕。

对于滔滔不绝型的朋友，我们一方面要真诚倾听，不管是愉快的分享还是不快乐的分担，这是作为朋友的一种义务，但在适当的时候，我们要表达出自己的意见和建议；另一方面，如果对方仅仅把你作为她的一个听众，同样的负能量的信息整天唠叨，你就可以在她喋喋不休时，或装作心不在焉，或只做自己的事情，必要时告诉她自己有太多的事需要完成，这样她就会很知趣地少说或不说了。

对于自私自利型的朋友，我们一方面可以提供必要的帮助，尽朋友之义；另一方面让她知道，你也是一个有原则的人，不会轻易受到要挟。

对于惯于毁约型的朋友，对约定不要太当真，必要时故意失约几次，“以其人之道还治其人之身”，让她知道“毁约”的影响与滋味。对朋友守信，不要把不守信的人当作你的朋友。

对于多愁善感型的朋友，在一定程度上倾听与安慰，另一方面也要告诉她自己对她的事情无能为力，建议或推荐她到一个专业的心理咨询师那里去，彻底疏导情绪。

学会感恩：感恩你身边的每一个人

“感恩”之心，就是对世间所有人、所有事物给予自己的帮助表示感激，铭记在心；“感恩”之心，就是我们每个人生活中不可或缺的阳光雨露。无论你是何等的尊贵，或是怎样的看似卑微；无论你生活在何处，或是你有着怎样特别的生活经历，只要你胸中常常怀着一颗感恩的心，随之而来的，就必然会不断地涌动着诸如温暖、自信、坚定、善良等这些美好的处世品格。

案例

某次去大连培训，一位伙伴给我分享了她和加盟商的一次交谈，非常值得我们学习。这位伙伴说她以前在朋友面前常说，她是特别幸运的，生命中总是会有很多的贵人在她遇到问题时帮助她、支持她。比如，每到月尾冲目标时，她都能联系到很多顾客帮忙冲业绩，让她顺利达标。

一直以来她不明白这是为什么。就像很多朋友说的一样，她各方面都一般，并没有什么过人之处，为什么会出现这样的现象呢？带着这个疑问，她来到培育她三年的加盟商金姐面前，向金姐咨询起这个问题。

金姐说道：“当别人都紧紧地盯住你的好运气时，没有人注意到你其实有一颗懂得感恩的心。你懂得珍惜你所拥有的一切，懂得珍视你所遇到的每一个人，并且懂得对别人给予你的任何帮助都报以最真诚的回馈。哪怕只是别人给予的一句问候、一声劝告、一个想法，你都会铭记在心，用行动来报答大家。我也是其中的受益者呀！对于这种懂得感恩的人，大家总是会更加愿意去关心她、帮助她。所以，你会总有贵人相助，好运不断。”

金姐的一席话，让这位伙伴恍然大悟。伙伴说其实她自己心里很清楚，为什么她能做到这一点，因为她本性善良，加之加盟商金姐用她自己的言行举止影响着她，在潜移默化中，她也就成了一个懂得感恩的人。

伙伴还说到金姐对她们的影响和帮助不止是让她有这样的感觉，店铺里其他伙伴也都是这种感觉。所以她们那个团队的凝聚力和战斗力最强，业绩也经常在区域里名列前茅。金姐经常会跟她们说这样的话：当一个人常说“感恩”的时候，她的生活便少了分抱怨，多了分珍惜；当一个团队经常说“感恩”时，这个团队便少了分纷争，多了分和谐。所以在我们每一位伙伴的成长过程中，只要大家都有一颗感恩的心去面对身边的所有人和事，宝藏就在身边。

分析

没有阳光，就没有温暖；没有水源，就没有生命；没有父母，就没有我们；没有公司，就没有发挥价值的平台；没有顾客，就没有我们实现价值的机会；没有同事、朋友，就没有我们丰富多彩的生活；没有亲情、友情和爱情，世界就会是一片孤独和黑暗……

这些都是浅显的道理，没有人会不懂，但现实工作和生活中的我们在理所当然地在享受着这一切的同时，却常常缺少了一颗感恩的心。

“感恩”是个舶来词，“感恩”二字，牛津字典给出的定义是：“乐于把得到好处的感激呈现出来且回馈他人。”“谁言寸草心，报得三春晖”“谁知盘中餐，粒粒皆辛苦”，我们小时候背诵的这些诗句，讲的就是感恩。“滴水之恩，当涌泉相报”“衔环结草，以恩报德”，中国绵延多年的古老成语，告诉我们的也是感恩。

“感恩”之心，就是对世间所有人、所有事物给予自己的帮助表示感激，铭记在心；“感恩”之心，就是我们每个人生活中不可或缺的阳光雨露。无论你是何等的尊贵，或是怎样的看似卑微；无论你生活在何地，或是你有着怎样特别的生活经历，只要你胸中常常怀着一颗感恩的心，随之而来的，就必然会不断地涌动着诸如温暖、自信、坚定、善良等这些美好的处世品格。

感恩是我们每个人应有的基本道德准则，是做人的起码修养。很多人、很多事，其咎均源于不会、不愿感恩。鸦有反哺之义，羊有跪乳之恩，不懂感恩，就失去了爱的感情基础。感恩，是人性善的反映；感恩，是一种生活态度，是一种品德，是一片深情。所以，每个人都应该学会感恩。

慧点迷津

1. 感恩有方

我们不但要明白需要感恩，更要明白如何感恩。**我们终端伙伴们如果说要感恩我们的公司、加盟商和上司，那么做好我们现在的工作，店铺业绩天天达标，个人得到健康成长，在工作上能找到成就感和有创新精神，这就是对他们最大的感恩。**

2. 常怀感恩之心，美好人生常在

正所谓“滴水之恩，当涌泉相报”，在我们的实际生活中，需要感谢的人真是太多了，我们身边的每一个人都要秉着一颗感恩的心去对待。如果我们不懂得感激正在享受的和已经拥有的，那么我们很难获得更多，即使我们获得了，也不会享受到真正的生活乐趣。所以我们要：

感谢我们的父母，因为他们给予了我们生命！

感谢我们的老板，因为他们给予了我们成就自己的平台！

感谢我们的客户，因为他们给予了我们成就自己的机会！

感谢我们的同事，因为他们丰富了我们的生活和工作！

感谢帮助我的人，因为他们给予了我力量！

感谢培育我的人，因为他们给予了我知识！

感谢赞美我的人，因为他们给予了我信心！

感谢欺骗我的人，因为他们增进了我的见识！

感谢遗弃我的人，因为他们让我学会了自立！

感谢绊倒我的人，因为他们强化了我的能力！

感谢斥责我的人，因为他们助长了我的智慧！

感谢藐视我的人，因为他们觉醒了我的自尊！

感谢伤害我的人，因为他们磨炼了我的心志！

整理朋友圈练习表

1. 写出你的朋友的名字					
2. 朋友类别	成就你的朋友	支持帮助你的朋友	开阔眼界的朋友	志同道合的朋友	好玩放松的朋友
3. 结交朋友的方法					
4. 结交朋友的计划					

第三章

Learning

让青春闪光的学习法则

人生的成长就像跑马拉松，从懵懂期的店员到具有领导魅力的品牌内部高层领导或是叱咤风云的加盟商，只有长跑健将才能一路披荆斩棘。在这个漫长的征途中，只有持续不断学习的人，才能赢得最终的胜利。

毕业后还要学习吗

毕业后意味着我们走出了学校的大门，很多伙伴会觉得获得了自由，好像整个人轻松了许多。事实上当我们走进包罗万象、喧嚣复杂的社会时，尤其是工作了一段时间后，我们会发现更加需要学习。因为我们有太多不懂的东西，需要尽快去掌握。如果不学习，我们的进步将会像蜗牛一样慢，结果只能是等着被社会淘汰。

案例

红豆是A品牌招进来的应届毕业生新伙伴，刚进店工作的前几天，红豆每天心情倍儿爽，和店铺里的同事有说有笑。抛开枯燥的书本，新生活给她的新鲜感使她如同林中的鸟儿般欢悦。一个月过去后，再次看到红豆时，她脸上多了几分忧愁和迷茫。昔日阳光灿烂的笑容渐渐少了，整个人也变得沉默了许多。为什么呢？原来在这一个月里，红豆身上发生了一件事。那天，红豆像往常一样热心地接待着每位顾客，其中有一位非常时尚的女顾客进了店铺，碰巧轮到红豆接待。简单的礼仪接待动作过后，红豆给顾客推介了她认为比较适合顾客的两款产品。

顾客对红豆说："你推介的这两款产品感觉不错，我确实挺喜欢的，但看上去款式差不多，可价格相差两百多，这是为什么呢？你能不能给我介绍一下它们的面料和做工有啥特点呢？这两款针对我的风格和身材来说各自有啥优点呢？"顾客连续问了这三个问题，满怀期盼地等待着她的专业回答时，红豆却站在顾客面前瞪着大眼睛，几分钟说不出话来，因为她根本不知道怎么回答顾客，因为她一直以为销售就是把她认为看上去好看的产品推介给顾客，然后等着顾客自己看，看喜欢了就买，不喜欢就不买。她只要帮顾客拿衣服，叠衣服，送顾客出门就行了，哪还要给顾客解答这么难的问题，所以她在平时根本没有学习的意识。

这个不专业的服务过程让顾客非常不高兴并当场数落了她一番。红豆因此情绪低落，自信心受到严重打击。她一整天都闷闷不乐的，多次躲在员工休息间不敢出来再次接待顾客。她深深感受到专业的服务对于一个导购来说是多么重要，同样也深深感受到学习的重要性……

分析

毕业后意味着我们走出了学校的大门，很多伙伴会觉得获得了自由，好像整个人轻松了许多。事实上当我们走进包罗万象、喧嚣复杂的社会时，尤其是工作了一段时间后，我们会发现更加需要学习。因为我们有太多不懂的东西，需要尽快去掌握。如果不学习，我们的进步将会像蜗牛一样慢，结果只能是等着被社会淘汰。

中国有句古话说得好："活到老，学到老。"现在应当这样说："学到老，才会活到老。"在现在这个高速发展的社会，我们比拼的不是别的，而是学习速度和运用的深度。谁学得快并运用得好，产生好的结果，谁就是赢家。很多人工作 3 年、5 年、10 年，事业仍然没有起色，打工的不能获得升迁，自己打拼事业的得不到很好的发展。其实，不是他们做错了什么，而是他们想错了，在这个打拼过程中没有养成很好的学习习惯。

学习使人进步，不学习只会退步。台湾著名企业家王永庆80岁的时候，在回答"为什么还有这样敏锐的市场嗅觉"这个问题时说："我是 80 岁的年龄，40 岁的思维。在学习新知识上，我一天也不敢懈怠。"今天的社会是个信息社会，信息更新周期越来越短，危机每天都会伴随我们左右。所以在这样一个急速变化的时代，核心竞争力已经发展为学习力的竞争。学习能力决定了终端的竞争力。

另外，**对于我们每一个正在成长中的伙伴而言，成熟比成功更重要。**所以在青春洋溢的黄金年龄阶段，最重要的是要通过学习让自己懂得更多、经历更多，慢慢让自己变得成熟起来。这才是我们这个阶段最关键的事情。

慧点迷津

1. 明白毕业后学习的好处

(1)让自己变得更专业。在工作中积极地学习，有利于我们更加专业地服务顾客，从而提升我们的销售业绩。

(2)坚定我们的事业梦想。如果我们经常学习和工作相关的新技能，不断学习和研究，在这个领域里将会创造出超于常人的成绩，这将给我们的事业梦想插上牢固的翅膀，也更有利于坚定我们的事业梦想。

(3)与时俱进。如果我们做时尚行业服务工作的人员，不知道最新的流行趋势、喜剧和新闻等，人们就会觉得我们不够专业，觉得我们落伍了。我们应当充分利用下班时间多掌握现在最新的时尚新闻，多去尝试一些新的事物，学习一些新的知识，这样我们在工作中就能保持主动姿态。

(4)充实自己。我们很多伙伴不会规划业余时间，总是无所事事的样子。要么睡觉、要么看电视、要不就是上网玩游戏或QQ聊天等，都在做一些我们自己都认为没有价值的事情。还有很多伙伴有时会觉得所做的工作没有新鲜感，感到无聊。而无聊是做出糟糕决策的首要原因。如果我们有计划地把这些空闲时间利用起来，去学习一些对我们工作业绩提升有帮助或我们感兴趣的知识，而且对所学的内容不断更新和升级，一般是不会兴味索然的。只要有持续学习的决心，在当今的市场上，我们会有无数的学习机会来充实自己。

(5)发现并增加自己的乐趣。学习并不一定是枯燥的。当我们选择这个行业时，就意味着我们很喜欢这个行业的专业知识。比如，服装搭配，每个爱美女性应该都会想去了解，怎样根据不同体型、不同肤色搭配服装，如果你深入里面去研究，你会感觉到无比的快乐和无上的成就感。这样你会更加喜欢自己的职业，生活也更有乐趣。

（6）所有的成功人士都在学。在任何领域非常突出的人士，他们都是通过不断的自我提升才成功的。真正有才华的人都在不断地学习并应用新的技能。和他们一样保持学习的激情，是非常必要的。

（7）能用最新的视角来看待世界。科学家们相信，所谓创造性，在相当大的程度上是把一种环境中学到的技能应用到了另外一种环境中。如果你总在学习，那么当你遇到一个熟悉的问题时，你很可能利用所学的新知识，使用一种非传统的解决方案来解决问题。比如我原来是做无形产品销售（保险、企业内训），现在在终端店铺做有形产品销售，如果我们在做有形产品销售时运用做无形产品销售的技巧，那就将会变得非常容易。

2. 永葆学习的热情

不管从哪方面来分析，我们无论何时何地都是需要学习、成长的。不是毕业了我们在学习方面就可以放松，从某种角度来说可能还要更加努力，只是学习的内容和方式跟在学校不一样了。一天 24 小时，我们除了工作，其他时间都应用在有计划的学习成长上，至少每天保证有一个小时的学习时间，因为一生中留给我们学习成长的宝贵时间是不多的，结婚生子之前的这几年时间，能让我们轻装上阵关注自己的学习成长，之后随着年龄的增长，各方面的事情也将接踵而至，那时的精力和时间都会大打折扣。所以，毕业了我们一样要坚持不断地学习成长，给自己美好的人生打下雄厚的基础。

学无止境：学历不重要，学习更重要

不管我们是学历低还是学历高，在零售终端工作中，学历不是最重要的，能够胜任本职岗位，为店铺和公司创造价值才是最重要的。说到创造价值，那我们就得有创造价值的本领，本领是学来的，所以在工作中学无止境，学历不是最重要的，学习力才是最重要的。

案例

A 店铺是整个品牌新开发高档产品线的形象店，由于这一系列高档产品将要打入高档商业圈，所以各方面公司都投入了大量财力、物力、人力。在店铺团队成员组建的时候，公司定位很高：本店铺的导购要高学历、好形象。自然这家店铺的所有工作伙伴都是大专以上的应届毕业生，其他外在条件也是非常好，完全符合公司的要求。这些新伙伴在总公司接受一个月的专业训练后，回到了店铺的工作岗位上。公司上上下下的人对这群充满活力的新伙伴寄予了很高的希望，同时充满信心。

三个月过后，本店的业绩并没有达到公司高管们的目标，于是开始寻找原因，区域管理人员也开始繁忙起来。其中区域主管小丽定期前往店铺做相对应的辅导和带动。有一次在周例会上，她在做工作总结时说："当初公司总部的决定也许是错误的，一味地要求本店导购全是高学历、好形象，之前我们从别的区域推介的学历低、能力强的人都没用上。现在看来高学历的人下店铺做销售不一定能让我们满意，做我们这一行的真的不是学历高、形象好就能做得好的，学历和形象真不是最重要的。”

她这样说是有原因的，因为她在下店辅导前，就曾请她一个朋友去这家店铺做过神秘顾客，实地考察店铺的服务。朋友考察后说，她一进门就被店铺门口最前面的陈列柜上的衣服吸引了，拿起衣服兴致勃勃看了半天。差不多五、六分钟过去，还没见有导购过来接待她。于是她抬起头来在店铺四处寻找导购，这时有一个小姑娘慢悠悠地从收银台下面抬起头，走了过来，面无表情的样子，很小声地说了一句：“这款有你的码数，可以试一下。”说完就站在朋友旁边，等着朋友的回应。随后朋友问：“多少钱？”导购说：“等一下。”然后开始到处翻吊牌，翻完之后脸朝天告诉朋友这款衣服的价格是 235 元。朋友自己顺手拿起吊牌看了看，问：“打折吗？”导购继续面无表情地说：“没有的，我们这个店铺从不打折，公司统一规定的。”这时朋友很惊讶，因为她看到吊牌上的价格并非 235 元，而是 325 元……

分析

终端店铺究竟需要什么样的人才？如果说不看学历、不看资历、不看背景，那看什么？在回答这个问题之前，我们一起来看一组数据，中国发饰第一品牌——“流行美”连锁机构里，据其人力资源部统计，公司的店员中有 30% 的人是初中学历，有 50% 的人是高中学历，还有 20% 的人是中专或大专学历。可以说在终端零售店里全部都是高中及高中以下学历，普遍偏低。而其区域管理团队里也绝大部分都在这个学历层次，并且其公司曾经的大区首席代表也只有中学文化水平。

运营系统团队成员学历这么低，那他们的业绩怎样呢？十几年来，流行美拓展了近 3000 家店，公司年销售额数亿元，绝大部分业绩都是这些低学历的女孩子们创造的；十几年来，流行美的加盟商里有 1/3 都是自己的员工，而这些成功的创业者学历也都不超过高中。可以说，她们的学历是很低，可她们创造的业绩是谁也无法否认的。她们表现出来的素质并不低，在那里可以享受非常专业的高素质服务。

流行美是这样，行业内另一支新秀“哎呀呀”也是这样。相反地，在连锁零售行业中，学历高的普遍表现平平，优秀的只是凤毛麟角，为什么会这样呢？按照常规思维，学历高的应该水平更高或者素质更高，能创造更好的业绩，实际上，**公司对终端伙伴的基本要求，首要的是能不能胜任本职岗位，胜任是一种结果。**标准只有一个，那就是能不能正确履行岗位职责。正确履行岗位职责需要各种技能、知识和素养的综合。

中国的学历教育，主要是培养了一个人学习知识和思考的能力，而缺乏执行力的教育。所以我们会看到，学历越高的人，通常思考太多，行动太少。而零售终端，大多是销售工作，需要大量行动才能出成绩，学历低的终端伙伴们，可能不会想太多，只想怎么销售成功，用一句话来形容就是“头脑空空向前冲”，所以他们的行动力很强。而对于学历高的人来说，每面临一件事哪怕是很小的一件事，都可能产生担心、犹豫、迟疑等想法，这样直接导致机会错失或者行动过于缓慢。而对于销售而言，这是大忌。

总而言之，不管我们是学历低还是学历高，在零售终端工作中，学历不是最重要的，能够胜任本职岗位，为店铺和公司创造价值才是最重要的。说到创造价值，那我们就得有创造价值的本领，本领是学来的，所以在工作中学无止境，学历不是最重要的，学习力才是最重要的。

慧点迷津

1. 改变思维方式

学历真的可以作为一个人素质和能力的代表吗？一个人学历高，他的素质和能力就高吗？一个人学历低，他的素质和能力就低吗？答案从以上分析内容中就可以得出。所以我们在终端不能以学历评价一个人，不要把学历和能力、素质等同起来。所以终端所有的伙伴们，不要再因为自己学历低、资力浅就放弃学习。进入到社会这所大学才是第二个学习成长的好机会，才是真正为我们美好人生奠定坚实基础的时候。社会本是一所大学，名叫社会大学。只有在进入社会这所大学，经历各种现

云南一秀饰品店长培训

实的考验和努力的学习才能让我们真正拥有获得美好人生的资本和能力。所以我们要养成学习的好习惯，抓住每次从我们身边溜走的学习成长机会，为自己的美好人生而奋斗。

2. 什么时候该学习在日益繁忙的工作中是有提醒的

我在与终端伙伴交流中发现，她们会存在这样的困惑：我们也懂得学习的重要性，但并没有意识到什么时候该学习，可挑战真正来的时候，再学习已来不及了。她们认为，如果在工作中有个信号，明确地告诉她们：喂，该学习了！如此提醒一下，总比被市场、公司淘汰要好。

其实，在我们的工作生活中，这种信号是有的，关键是要做个有心人。只有这样才能未雨绸缪。根据我们同行过来人的工作生活经验，只要出现这四种现象，就表明我们该充电学习了：

第一，我们在工作中升迁过于顺利。如果我们在一段职业生涯中升迁过于顺利，这就需要格外警惕：我们的能力、本领、专业与岗位匹配吗？随着职位的升迁，我们的学习也要升级，避免过早陷入不胜任的困境。

第二，感觉工作没有意思。工作是愉快的，在工作重负下，我们是感觉不到快乐的。这个时候，在调节自身心理的同时，我们需要自我检讨一下：是不是因为知识、能力不够？本领不强？今天，如果我们无法选择“爱一行，做一行”，我们所能做的就是“做一行，爱一行”，尽量使谋生手段和人生目标和谐统一，否则，眼高手低，会耽误一生。如果想在这个行业做出成绩，充电学习是唯一可行的方法，否则，就意味着你会“贬值”。

第三，职业停滞。在这种时候我们不要怨天尤人，不要寻找各种理由，唯一有效的解决途径，就是充电学习。

第四，工作中出现看不懂的事、听不懂的话。今天的市场竞争已步入一个高速信息化的时代，每天都有新事物出现。尤其是我们每天面对着各行各业的顾客，如果你发现在工作中与顾客、上司和同事沟通中有些现象和事情你看不懂，有些话你听不懂，这说明你的本领和你的知识面危机已经到来了，这个时候，学习——只有学习，才是改善你处境的唯一办法。

自我剖析：缺什么，学什么

无论我们在终端的哪一个职位，都应当在实践中不断地认清自己的不足和差距，及时找到自己缺什么就马上学习什么；不能不懂也不去学，在工作中遇到问题自己解决不了，整天怨天尤人。我们只有在工作中不断地用心去发现，才能找到我们需要成长的真正方向，这样通过不断地学习就可以成为本行业领域的专家。

案例

秀丽已经达标晋升店长，店长岗前培训在下个月进行。从入职到晋升店长她只花了8个月时间，这在整个公司都是非常少见的，一般特别优秀者才提升得如此之快。事实也是如此，秀丽在学习方面非常积极主动。她在销售中跟顾客交流时，碰到不懂的或者没有成交的单，会很用心地寻找原因，然后立即开始学习，发现自己缺什么就学什么，而且动作很快，行动效果立竿见影。就这样她的能力得到了飞速提升，在店铺工作的这几个月内每个月都是区域同级伙伴的销售冠军。

有一次，秀丽为一个顾客服务了半个小时，顾客还没有买单的意愿，但秀丽看得出她有诚意买衣服，只是不知道买哪件。可沟通时间很长，依然无法了解顾客的真实意愿。于是秀丽真诚地对顾客说：“看得出您想在这里选一件适合您的衣服，请您把内心的想法告诉我，我会竭诚为您服务的。”顾客见她服务态度很好，没有厌烦的神情，于是敞开了心扉："我觉得你推介的这几款衣服不太适合我，因为我买衣服是走亲戚穿的。"秀丽回应说："哦！那您喜欢什么样的款式呢？"顾客回答说："我喜欢典雅大方的。"秀丽真诚地说："我的搭配水平还有待提高，这样，我请店长为您搭配一套让您满意的衣服。"通过店长专业的服务，这位顾客买到了她称心如意的衣服，高兴地离开了店铺……

开晚会时，店长表扬秀丽的同时给店里所有伙伴上了一堂服装搭配课。晚会过后，秀丽还缠着店长给她另外补上了一课，还让店长给她介绍了很多学习服装搭配的渠道和书籍。因为她知道她目前最缺的就是服装搭配知识。当日事当日毕，发现缺什么，就立即学什么，绝不拖到下一次，这就是优秀伙伴秀丽对学习的看法。

分析

案例中，秀丽跟我们大多数伙伴一样，在没有遇到问题之前并不知道自己的能力和知识体系中欠缺什么。值得庆幸的是，当她在工作中遇到自己解决不了的问题时，能够清醒地认识到自己的短板，从而及时寻找资源弥补不足。也就是说，她是一个非常用心的女孩，能够做到在工作中缺什么就马上学习什么，从而让自己快速成长，适应工作的要求，满足客户的需要。

秀丽是幸运的，因为她找到了自己的成长点，不断请教、不断学习、不断提升、不断进步，充实自己，从而不会被社会淘汰。遗憾的是，生活中还有一些伙伴，在工作中遇到问题时，只知道一次又一次地找别人帮忙，却从不检讨自身的问题，当然不知道自己缺什么，更不会主动去请教、去学习，久而久之，成为职场的弃儿，被社会所淘汰。

所以，无论我们在终端的哪一个职位，都应当在实践中不断地认清自己的不足和差距，及时找到自己缺什么就马上学习什么；不能不懂也不去学，在工作中遇到问题自己解决不了，整天怨天尤人。我们只有在工作中不断地用心去发现，才能找到我们需要成长的真正方向，这样通过不断地学习就可以成为本行业领域的专家。

我们只有成为行家里手，才能赢得良好的声誉，永远不会被社会所淘汰。**把自己练就成“海绵”，广泛汲取自己所从事行业中的各种知识，做到缺什么就马上学什么。**

慧点迷津

1. 学习能力决定了零售终端竞争力

在今天这样一个充满诱惑、竞争激烈的环境下，学习需要有一种较真、钻研的精神。零售终端的发展越来越成熟，各个品牌各个终端店铺中，无论是店员的工作岗位，还是终端管理者，对所属细分领域的专业化程度要求越来越高。因为只有专业，才能在激烈竞争中具备成功的优势。专业来自不断深入地学习，因为专业能力决定了职业生存力，学习能力决定了零售终端竞争力。所以我们要想在成长过程中，摆脱本领恐慌，做行业的常青树，最好的方法就是学习。

2. 学习有方向

我们要树立正确的价值观、人生观、感情观，找到学习的榜样，因为如果我们树立正确的价值观、人生观，就不会与规则进行对抗；如果我们树立正确的爱情观，学会如何管理自己的情感，就不会为情所困；如果我们清晰自己的人生规划和职业目标，就会变被动为主动；如果我们能自己解决自己内心的困惑，就会激发出无可限量的潜能；如果我们找到学习的榜样，我们就不再没有方向。这样我们才能自动自发地克服任何障碍，尽自己最大的努力把人生中每一个阶段的每一个角色做好，做到极致。那么，在店铺工作中我们具体要学习什么呢？

第一，向同行学习。同行是最好、最直接的老师。专业知识、专业技能、同行信息了解程度、微笑诚恳的服务态度、对品牌的认可度和了解程度等都是需要我们学习的内容；另外店长的人格魅力修炼，店铺人、货、场、产品管理的专业知识，店铺目标管理技巧，店铺会议管理技巧，店铺财务管理技巧，店铺的数据管理（销售数据、商品数据、经营数据）等都是需要学习的内容。

第二，向客户学习。在我们的日常工作中，同行、同事往往不愿讲批评的话。

而来自客户的声音往往是最真实的。客户一般会以两种方式向我们提供学习的信息，一种是投诉时，他们投诉的内容就是我们需要提升、改进的地方。另一种方式就是客户和我们成为了朋友，给我们提出很好的建议。我们应该善于倾听他们的声音，接受他们的建议和批评，并积极改进工作，加强服务，不断提高。

第三，向对手学习。我们普遍有这样一种心态：不接纳、不承认、不向对手学习。表现在对竞争对手的成绩、做法进行诋毁；对竞争对手的进步不屑一顾。这是一种错误的观念。著名管理学者余世维先生曾说过这样一句话：“帮助你成长的是你的敌人。”《孙子兵法》也说：“知彼知己，百战不殆。”向对手学习，可以让我们进步，可以让我们更好地发展。所以，向竞争对手学习是学习的最高境界，是一种大智慧的表现。我们可以向对手学习店面形象是怎样维护的，产品陈列是怎样吸引顾客眼球的，整个视觉营销做得如何，导购在接待顾客进行销售过程中给顾客一种什么样的感觉，店铺成员在销售过程中团队配合度如何，是怎样处理销售中的疑难杂症的，店铺工作人员对自己品牌的认可度如何，等等一系列内容都可以向对手学习。当然在观察过程中，我们肯定会发现对手有比我们做得好的，也会有比我们做得差的，这个时候我们要清晰自己的目标是去学习而不是去攀比，所以我们只需要关注比我们做得好的进行学习。

天天向上：学会在工作中学习

我们伟大的领袖毛主席曾有过这样一段著名论断："读书是学习，使用也是学习，而且是更重要的学习。"也就是说，在战争中学习战争，在工作中学习工作。在工作中学习，重要的是以知识结合工作实际，在解决实际问题中再学习、提高。

案例

翠翠是一个非常优秀的店长，她的工作成绩和表现是区域伙伴们学习的楷模。她现在接管了一家本区域业绩最难提升的店铺之一，很多优秀的店长都到此店来施展过自己的才华，可结果并不是很理想。翠翠是区域经理最欣赏的店长之一，在诸多店长回天乏力的状态下，被委以重任拯救这家店铺。这家店铺是在一个比较偏僻的平价卖场，属于店中店，应该说这家品牌鞋店在这个地区是很占优势的：款式新颖、价位中等偏下，但不知道为什么销售业绩一直不是很理想。

翠翠上任前先做了一次明察暗访，目睹了这样一幕：一位中年女士手拿一双亮漆皮的男鞋要求换双大号的，原来她的丈夫买回家后发现鞋小了有些挤脚，但是因为工作忙只好等到周末来换。店员冷冷地拒绝了，理由是已经过了 3 天换货期限，虽然没有穿过也不能给换了。

但中年女士一直恳求换鞋而不肯离开，可能是顾及店面影响，十几分钟后一个老店员出现了。她告诉中年女士说："大一号的鞋已经没货了，所以无法更换。"中年女士只好无奈沮丧地走了。

等顾客一出门，那位老店员说："卖出去的东西谁给她换货呀，尽找麻烦，下次有这种情况，就直接告诉她要的号已经没了。"

翠翠追上刚走不远的顾客，以新店长的身份向她道歉并许诺一定给她换好鞋子，并且请求顾客吐露心声，对店铺的服务有什么批评和建议只管直说。顾客滔滔不绝起来。

到晚上开会时，翠翠由区域经理引介后，以白天的服务案例作为引子，跟大家一起开始讨论回头客的问题：我们这家平价鞋店价位低，深受工薪阶层欢迎，如果做好了本来应该是回头客盈门的，但是白天的案例我们却给做成了一锤子买卖。换货虽然麻烦，但是对方新鞋未穿并不会给我们店铺造成损失，如果应顾客的要求热情换货，那么店铺很可能就多了一位回头客。拉回头客是我们这种店铺经营的重要工作之一，也是提升我们店铺业绩的重要手段，今天白天我们连最基本的售后工作都做不好，就更不用说做其他的提升顾客回头率的工作了，这就是我们店铺运营不好的原因所在。任何人都懂得权衡利弊，两利相权取其大，两害相权取其轻。做一锤子买卖，到头来只会是"捡了芝麻，丢了西瓜"。我们要把眼光放长、把眼界放宽些，不要以为把货品销售出去就万事大吉了。

分析

在工作中，我们要胜任岗位职责，为公司、店铺创造出价值，就得不断地学习、提升，而学习、提升不仅要占用时间、精力，而且需要一定的物质支持。但不学习，又不能从根本上提高销售管理水平和店铺业绩。这也给我们很多终端伙伴们带来了困惑。我们伟大的领袖毛主席曾有过这样一段著名论断："读书是学习，使用也是学习，而且是更重要的学习。"也就是说，在战争中学习战争，在工作中学习工作。**在工作中学习，重要的是以知识结合工作实际，在解决实际问题中再学习、提高。**

提升销售、解决实际问题的能力，是终端店铺骨干、优秀店员必备的一种技能，而这种技能的提高，必须通过实践，必须要通过“在工作中学习工作”的过程来提高。市场瞬息万变，店铺骨干和优秀店员提升业绩、自行处理问题的能力非常重要。它除了要求熟练掌握业务内的专业知识以外，还要求具备随机应变的能力和自行解决问题的能力。提升业绩、处理实际问题的能力比学历、资历更重要。

“在战争中学习战争，在工作中学习工作”是最好的学习方式。联想集团原董事长柳传志先生曾说过：联想有一种称为复盘的学习方式：做一件事情，失败或成功，重新演练一遍。大到战略，小到具体问题，原来的目标是什么，当时怎么做，边界条件是什么，回过头做完了看，做得正确不正确，边界条件是否有变化，要重新演练一遍。这是提高自己非常重要的一种方式。所以说我们在店铺中发生的每一件事，如果我们用心去体验、感受、分享、总结、提炼的话，那么我们应掌握的技能技巧都能在工作中习得，并且会运用得非常娴熟。

慧点迷津

1. 学会从工作实践中学习

注重实践，注重工作中的每一个细节，注重接待过的每一个顾客对你的反应。在一个瞬息万变、充满竞争的市场环境下，我们的实际操作能力是解决实际问题、提升业绩最重要的基础。这种解决实际问题的能力也是我们个人和店铺的竞争力。所以工作中的点点滴滴都是提升我们销售、管理的最好途径。要想终端管理得好，那么管理人员一定得有从一线成长的经历和解决工作中实际问题的能力。所以管理者要注意发现和培养一线员工中的佼佼者，努力创造有利于优秀人才脱颖而出的用人机制，使一线人员中的优秀人才不至于被埋没。

2. 学会在工作中做总结

我们对每天的工作做到回顾、反思、探究、提升，那么就能做到在工作中学习了。回顾就是回顾过程，反思就是反思原因，探究就是探究规律，提升就是提升能力。

其中回顾、反思、探究，是我们做这件事情的动作，提升是做这个事情的结果。

接下来我们用工作中的实际案例来举例说明：今天销售目标是1万元，结果只完成了6千元，做过很多努力，服务、专业知识都没啥问题。回顾，就是对今天在店铺工作情况进行描述：①目标是1万元；②结果完成了6千元；③做了什么（像往常一样接待每位进店的顾客）；④与计划有什么出入（原来一天接待20个客户，今天只接待了14个客户）；⑤产生了什么意外结果（无）；等等。

反思，就是找出原因：①为什么实际完成目标与计划销售目标相差那么大（今天在成交时基本没做连锁销售）；②为什么实际做的事情与计划要做的事情不一致（不够积极主动）。

探究，就是发现规律，找到原因背后的原因，发现问题背后的问题：①连锁销售没养成习惯，没有突破自我心理设限。②接待顾客时不够积极主动，热情度也不够。

经梳理，我们明白，要完成目标，首先要保持做大单、养成连锁销售好习惯，还有在服务上要更上一层楼，超出顾客的期望值。如果每一位终端伙伴对每天工作中所发生的点点滴滴都习惯去做这样一个总结的话，那么我们对于自己的工作就会有深刻的认识和体悟，具有一种惊人的直觉，这个时候，你都用不着一板一眼地对整个事情进行推演，就可以从纷繁复杂的现象中抓住关键，找出解决问题的方法和路径。所以说，每天简单、重复的终端工作我们只要用心去感知，可以挖到很多我们需要的宝藏。

榜样力量：向成功者学习成功方法

提升工作绩效的方法是完全可以学习和传授复制的，尤其是在同一行业、同一品牌、同一个市场里，因为我们都是做同样的事，管理差不多的人，碰到差不多的问题，虽然会有一些区域的差异，但大体上都是差不多的。所以最有效的学习捷径就是仿效榜样，向成功伙伴学习成功的方法。

案例

在A品牌的A店铺有一个伙伴名叫小明，她来店铺工作差不多已有半年的时间，在这半年里她一直是尽职尽责，任劳任怨，工作表现都还算不错，可最近一段时间发现她情绪比较低落，工作状态也不是很好。

原来小明产生心理波动了。她觉得来到这里半年多，尽管没犯什么错，也受到过店长的表扬，但始终没有大的突破。当初好不容易通过重重竞争挤进这家经营名牌产品的店铺，她是指望能有更大的发展的。可时间过去半年，猛然回首，发现自己工作中存在不得其法的地方，梦想照见现实，自然生起烦恼。

有一天，小明偶然听到“学习雷锋好榜样”这句歌词，突然心动，为什么不为自己树立一个榜样呢？她仿佛开了窍，心头阴霾终于拂去。

小明悉心观察同事的优缺点，发现店长身上有许多闪光点。于是，她在心里将店长树为榜样，从待人的态度、做事的方法、处世的技巧等方方面面向店长学习。有了榜样在身边，她顿时感觉充满力量和活力。

除了在一旁“偷师学艺”，小明还找机会向店长请教，抓住向店长学习的一切机会。她渐渐明白，专业知识是死的，但处理问题的方法是活的，面对的顾客也是形形色色的，所以一定要心思敏锐，根据不同场合不同顾客来处理问题。想到这半年来，自己摸索得好苦好累，关键是不得其法，小明直庆幸自己脑筋转弯了，树立榜样，找到了终南捷径。

正是有了榜样在前方带路，小明感觉到眼前的一片天如此开阔，值得自己昂首阔步走下去。

分析

有人曾说：“播撒一种思想，收获一种行为；播撒一种行为，收获一种习惯；播撒一种习惯，收获一种性格；播撒一种性格，收获一种命运。”同样地，树立榜样，我们能够时时看到奋斗的目标和参照物。榜样是一种向上的力量，是一面镜子，是一面旗帜。

我们想成功，一般有两条路可走。第一条路：自己埋头苦干，学习、总结、实践，再总结再实践。第二条路：向已经成功的人学习，复制他们成功的方法和模式。第二条路会让我们少走许多弯路。榜样就好比人生的坐标，事业成功的向导。榜样带给我们的是无尽的锐气、朝气，是必胜的信念，是永无止境的力量源泉。向榜样学习他们成功的方法，向榜样看齐，我们将无坚不摧、无往不胜！

提升工作绩效的方法是完全可以学习和传授复制的，尤其是在同一行业、同一品牌、同一个市场里，因为我们都是做同样的事，管理差不多的人，碰到差不多的问题，虽然会有一些区域的差异，但大体上都是差不多的。**所以最有效的学习捷径就是仿效榜样，向成功伙伴学习成功的方法。**

慧点迷津

1. 研究成功者的共性

苏轼说：“古之立大事者，不惟有超世之才 ，亦必有坚忍不拔之志。”王国维也说过：“古今之成大事业大学问者，必经过三种之境界：昨夜西风凋碧树，独上高楼，望尽天涯路；此第一境也。衣带渐宽终不悔，为伊消得人憔悴；此第二境也。众里寻他千百度，蓦然回首，那人却在灯火阑珊处；此第三境也。”可见，成功者是有共性的。

那么成功者有哪些共性呢？清晰的人生规划和工作目标、强烈的企图心、积极上进的学习态度、吃苦耐劳、百折不挠的精神、认真负责、懂感恩等优秀品质也都是他们的共性。

2. 研究成功者是如何学习和掌握工作技能的

最好的方法就是有机会与成功者一起工作，就像武侠小说的中的武林高手云游四海，寻找高人切磋武艺一样。在与他们切磋时，我们可以零距离地观察到他们在学习和掌握这些工作技能的每一个细节。去研究、总结出他们的共性方法后，然后列成自己学习的目标和执行标准，做好自我管理，一步一个脚印，很快我们就可以达到成功者的水平。那么成功者一般是怎样学习、掌握工作技能的呢？几乎所有成功者都是通过勤奋学习、实践，然后不断地总结、提升掌握这些优秀的工作技能的，天上不会掉馅饼，等着我们去捡现成的，他们都有过不为人知的辛苦和磨炼。所以伙伴们找对学习的榜样，树立清晰的目标，然后一步一个脚印踏踏实实地努力奋斗吧。

快鱼吃慢鱼：比竞争对手学得更快

你可以拒绝学习，但你的竞争对手不会。要想在当今竞争日益激烈的市场中立于不败之地，你不但要学习，而且还要比你的竞争对手学得更快、学得更好。我们说的“快鱼”，关键点就是要“快动”。领先一步，海阔天空；落后一步，寸步难行。在激烈的竞争中，谁的紧迫感强，谁的反应快，谁就能领先一步，成为抢占先机的“快鱼”。

案例

大区经理小张，在同一个平台发展的伙伴中，她可以说是最不起眼的一个——年龄最小、学历不高、资历不深、经验不足、技能不强。但她深深地明白，要想在最短时间内，超越身边比她优秀的伙伴们，就得比她们付出更多。

自从选择连锁终端这一行业，她便给自己立下了一个清晰的目标，五年后要做大区的负责人。找准了学习榜样，制订了清晰的目标和计划后，她便一步一个脚印地开始学习。

做店员的时候，除了严格要求自己完成公司店铺制订的目标业绩之外，她还经常要求自己超额完成业绩目标，因为这样可以增加收入，可以争取去外面参加各种与工作相关的技能学习培训班，当然更多的是买书回来自己读。她家里并不富裕，所以她很明确地告诉父母，现在不是帮家里解决经济问题的最佳时期，而是增强本领的时候，所以她只能每月给家里寄点零用钱，其他钱她会用来学习。父母看到她这么有目标有计划，也给予了不少的理解、支持和鼓励。

于是小张在店铺工作时，从来没有浪费过一点多余的时间，每天下班后回到宿舍就是学习，就算是节假日和同事出去逛街，也会有意识地了解跟本行业有关的信息，比如看同行做得好的店铺是怎样做的、看最近的流行趋势、观察街上顾客的穿着打扮。这样有计划地工作和学习，不到半年小张就凭着自己优秀的销售业绩和出色的工作表现晋升为店长。

在店长这个新领域里，小张比之前更努力地学习成长，因为她明白，现在的角色与之前不同了，之前只要管理好自己、做好自己就行，现在不但要做好自己，起到带头作用，还要懂得如何让团队的伙伴们跟自己一样优秀。小张的努力是看得见的，辛勤的付出在公司也获得了应有的回报。由于她管理的店铺多次在区域和整个公司被评为最优秀的店铺，而且她还帮过公司很多新、老店铺走出管理的困境，五年后她终于如愿以偿地做了大区的总负责人。

分析

有一句话是这样说的：“现在不是大鱼吃掉小鱼，而是快鱼吃掉慢鱼。”我们生活在这样一个信息爆炸的时代，快速的发展就像一个巨大的加速器，使社会生活的每个齿轮都发疯一样地高速运转。我们85后、90后是21世纪的创造者，如果我们不能加快学习成长的步伐，就会被时代的快车远远抛在后面。

你可以拒绝学习，但你的竞争对手不会。**要想在当今竞争日益激烈的市场中立于不败之地，你不但要学习，而且还要比你的竞争对手学得更快、学得更好。**我们说的“快鱼”，关键点就是要“快动”。领先一步，海阔天空；落后一步，寸步难行。在激烈的竞争中，谁的紧迫感强，谁的反应快，谁就能领先一步，成为抢占先机的“快鱼”。

“快鱼”的快，不但是要快，而且不是盲目的快，是追求质量的快，是又好又快。

要想在同样的时间内跟比我们优秀的竞争对手发展成同样的水平，我们就只能比对手付出更多。

学无止境。很多发展空间不错的公司终端店铺的工作人员都是大学本科生，综合素质相当高。这说明企业对人才的要求呈现出高标准趋势，人才之间的竞争也异常激烈。不管我们的综合条件在哪个水平，都要有强烈的紧迫感，因为谁的反应快，成长快，谁就能领先一步，成为抢占先机的“快鱼”。美国著名的管理大师彼得·圣吉在他所著的《第五项修炼》一书中有一句名言：“未来唯一的竞争优势就在于，你比你的竞争对手学得更快。”

慧点迷津

1. 养成时刻学习的习惯

学习无处不在，只要我们用心观察生活与工作中的点点滴滴，就可以学到很多好的知识。比如，工作时善于用心去发现同事做事的优点、顾客的特点；每天学会花 10 分钟总结工作的得与失；休假出去逛街时，用心去了解最新流行趋势、最新行业信息、同行产品陈列技巧……还有每天花半个小时看书等，总之心在哪里，学习收获就会在哪里。养成时刻学习的好习惯是我们这个年龄阶段的伙伴们必备的竞争优势。

2. 保持清晰和敏锐的思维

我们工作在一线的伙伴们，虽然每天的工作繁重，但我们也要记得抬头看路，随时随地都要有了解竞争对手的状况。只要发现竞争对手有新的方法，我们第一时间也要学会并掌握。为超越竞争对手，为比竞争对手学习得更快，为成为行业的“快鱼”时刻准备着。我们要时刻保持清晰、敏锐的思维。就像慢鱼一样，要时刻保持警惕，不断奔跑，在居安思危中渐渐磨砺成快鱼。只有学习，才能让“慢鱼”变成“快鱼”；只有紧跟时代的步伐，才不会被时代所淘汰，才会成为时代的弄潮儿。

成功方法：学习也要定时定量

不可否认，现在我们终端每一位伙伴的目标压力和学习任务都非常繁重。但业绩要达标，学习要坚持这是必须的，没任何借口可找。要实现长远的学习目标，绝非一日之功，必须脚踏实地，有步骤地努力去做才行，因此，从实际出发，安排好学习时间和学习任务就十分必要了。

案例

李红是一个非常爱学习的伙伴，她在店铺静场时看书，下班回到宿舍也很少跟同事一起玩耍，经常是一个人在学习，有时还学习到深夜。问她在学什么，她会说什么都在学，学演讲艺术，学销售技巧，学客户心理……时间永远也不够用。

一次她接待了一个上门来投诉的顾客，顾客买了一件冬天穿的呢子大衣，肩膀上带有真兔毛衣领，兔毛有些打结了。顾客来讨个说法，李红左解释右解释，给顾客的感觉是在为自己的产品辩护，没有给出解决问题的办法。最后还是店长出面帮忙处理了。

这件事情之后，李红愁眉紧锁，很苦恼，经常一人站在一旁发呆：难道我的学习方法有问题？销售中顾客的难题真是防不胜防。想成为一名优秀的导购，专业地服务顾客，天天业绩达标，真是太不容易了。

店长发现了李红的变化，及时跟她沟通了一番。店长说“你的学习劲头我很欣赏，也值得我们大家学习，但你有一个小的误区，学得太杂，又难以消化。学习一定要有计划，抓住先后顺序，按轻重缓急的原则去制订你的学习计划，先学习紧急且重要的知识，然后学习紧急不怎么重要的知识，再学习重要且不怎么紧急的知识，最后学习不那么紧急和不那么重要的知识。你现在是一个导购，导购最重要的工作职责就是销售产品，专业地服务好每一个顾客。那么学习中紧急又重要的知识就是对公司品牌的了解和对产品的认识，对产品的优劣势要做到了如指掌。紧急且稍微不重要的知识就是提高服务质量（服务前、中、后）和整个销售流程各个环节的技巧。重要且稍微不那么紧急的知识就是团队配合精神和对各种顾客类型沟通方式的了解。最后稍微不那么紧急和重要的知识就是店铺的其他工作。”李红这才意识到自己学得太多，乱了章法。

分析

不可否认，现在我们终端每一位伙伴的目标压力和学习任务都非常繁重。但业绩要达标，学习要坚持这是必须的，没任何借口可找。要实现长远的学习目标，绝非一日之功，必须脚踏实地，有步骤地努力去做才行，因此，从实际出发，安排好学习时间和学习任务就十分必要了。

学习时间和学习任务要想完美地结合，就得做好学习计划。好的学习计划会使自己的每一个学习行为都和学习目标联系起来，使学习行为具有明确的目的性。当我们学习有计划后，心里有了底，会感到学习目标的实现只是个时间问题。

一旦学习目标和学习计划制订好，任何干扰都得排除掉，遇到意外情况，合理调整学习计划，使自己的行动不偏离计划中既定的学习目标和任务，直到实现为止。这样不打折扣地执行学习计划，可以提高学习效率，减少时间上的浪费。所以一定要坚持推进自己制订的学习计划，绝不能因为过程中出现小小困难就偏离计划，必要的时候向公众承诺完成期限，内外力相结合，完成学习计划。

慧点迷津

1. 学习要有计划

在做学习计划时，要从学习实际出发，要提高时间的利用率和注重效果，要注重轻重缓急，在整个学习目标当中，我们应遵循这样的学习步骤：先学习重要又紧急的知识，然后学习紧急不那么重要的知识，再学习重要不那么紧急的知识，最后学习不太重要又不太紧急的知识。

2. 合理安排，利用零碎时间学习

在我们繁忙的工作中，要想挤出更多时间来学习，就得做到以下几点：

第一，立下学习的志向，我们做一件事情的意志要坚定，绝不能随便动摇和放弃。

第二，要排除各种干扰，包括自己意念的干扰和他人的干扰。

第三，要善于利用零碎时间。达尔文说："我从来不认为半小时是微不足道的一段时间。"零碎时间的利用办法有两种：第一种是利用零碎的时间去完成一些自己感兴趣、历时较短、比较灵活的学习任务。第二种是把分散的零碎时间集中起来使用。时间是分散的，但学习的内容是集中、专一的，这样，在零碎时间内也能完成比较多的学习任务。

第四，要不断地检查时间的利用率。每天想一想，在过去的一天学习里完成了什么任务？花了多少时间？时间利用率如何？效果怎么样？怎么改进？

第五，生活要简朴，朋友要挑选。除了工作和适当的交际，主要任务就是学习，不应当在追求吃穿玩乐上浪费宝贵的时间，因此要与有抱负、有志气、好学上进的伙伴为伍。

以牙还牙：向竞争对手学习

一位西点军校的教官曾经说过："对手是一面镜子，可以照见自己的缺陷。如果没有了对手，缺陷也不会自动消失。对手，可以让你时刻提醒自己，没有最好，只有更好。"对于我们成长在一线、立志在这一行业有所成就的伙伴来说，培养向我们的竞争对手学习的胸怀和习惯显得尤为重要。

案例

有一天到下午店铺还没开单，店里的客人稀稀拉拉的，其中很多还是过路客人，大多问下价格就走了。店里的每一个员工也无精打采的，你看着我，我看着你，真无聊。于是有的同事就开始聊天了，有的开始看手机了，完全没有工作的热情。

小美平日里很细心地观察到相邻的一家店铺不论在何时都是热火朝天的，旺场贯穿着整个人流量高峰期。她想：想超越竞争对手，首先得学习对方的长处。不能任伙伴们无所事事下去，那样更不会吸引客流量的。要想开单，客流量是不容忽视的。客流量看似是一个被动的、无法掌控的变量，但我们可以以良好的精神面貌吸引客流量。

拿定主意后，小美对着镜子调整了一下状态，露出甜美的微笑走到卖场，说："靓女们，都请过来一下，我们开一个小小的中会。"说完，店里所有的人都垂头丧气地走了过来，眼神有点呆滞地看着小美。小美富有激情地说："告诉大家一个好消息，我们区域的帅哥小陈待会儿会来我们店铺，代表公司总部来看望我们。"小陈是店里所有女孩们口中经常谈论的帅哥，大家都对他很有好感。小美想利用这个事情首先把大家的情绪调动一下。一听小陈要来，所有的人顿时乐开花，有点兴奋了。小美接着说："要见大帅哥了，我和大家一样开心。另外大家看到今天店铺客人比较少，咱得让客流量多起来，让帅哥看看我们的旺场气氛。"大家都连忙点头。小美又说："我有办法让这里变旺场。"大家说："快说来听听。"小美说："制造旺场有两个办法。第一个办法就是我们自己人一个扮演客户一个扮演导购模拟销售。第二个办法就是利用我们的关系叫一些平时玩得好的、有时间的、在这附近的朋友或老客户过来店铺玩，扮演客户消费。需要强调的一点是我们要演得真实，真的在柜台买单，下班时再把单退出来钱还给大家。这样把我们整个卖场的氛围调动起来，让外面的客户感觉到我们店铺销售很好。大家有没有信心做好？"大家抱着怀疑的态度说："不知道，试试吧，反正也没啥事做。"这时店里的小可说："但怎么叫人来呀，我没有熟悉的朋友在这附近。"小美说："没关系，我们分配一下任务，每人叫一个朋友来，我负责叫两个，小可你仔细想想，叫一个比较认可我们的老客户也行，请他来我们店里充充人气。新来的小平你也可以叫，叫不到的话就配合一下大家吧。"说完，所有人开始分头做事了。半个小时过后，店里真的来了一些人，整个店铺旺起来了。在旺场气氛下，果然成交了几笔单。

晚会时，小美和大家分享心得：店铺氛围的建立还包括店内音乐、灯光、色彩、产品介绍声、买单声、店员状态、一个良好的管理机制等因素，这些因素都是决定店铺业绩好坏的关键点。大家听后，暗暗赞许店长小美"好厉害"。有一个伙伴好奇地问道："店长，你怎么这么厉害呀，啥都会。"小美说："谢谢大家的认可，这些都是我在工作中不断学习总结出来的经验，其中很多方面都是向竞争对手学习来的，有些方面我结合我们店铺的特色加以融会贯通了。大家也要经常向竞争对手学习啊！"

分析

一位西点军校的教官曾经说过："对手是一面镜子，可以照见自己的缺陷。如果没有了对手，缺陷也不会自动消失。对手，可以让你时刻提醒自己，没有最好，只有更好。" 对于我们成长在一线、立志在这一行业有所成就的伙伴来说，培养向我们的竞争对手学习的胸怀和习惯显得尤为重要。在当下这个资源共享、智慧共享已经成为现实和社会发展趋势的时代，我们只有做到虚心吸纳对手的长处，在学习中竞争，在竞争中学习，才能不断形成自己的优势，始终保持前进的动力。

我们有些伙伴总是一方面展望着美好的人生前景，另一方面却一味抱怨自身的处境，将所有原因归咎于竞争对手，因此导致失败，这样的例子比比皆是。天生我材必有用，每个人都有独特的才能，我们也有别人所无法比拟的优势和特色，这就是无论是自然界还是社会能相互共存的、微妙的平衡关系。

懂得欣赏别人，实际上是在为自己铺路。所以我们要正确看待竞争对手，正如案例中的小美一样，认真去观察并分析寻找出差距，总结出解决问题的办法并给予很好的执行去改进。

一位资深体育教练曾经这样说："竞争对手是每个运动员最好的教科书，谁要想战胜竞争对手，谁就得向竞争对手学习。"设想一下，在百米赛场上，你是否能跑出好成绩，很大程度上取决于什么人和你一起站在起跑线上。2004 年，中国运动员刘翔获得 110 米跨栏冠军时，与前世界冠军约翰逊紧紧地抱在了一起。这是刘翔对约翰逊的尊重，也是向前辈的致敬，更是感谢这位老竞争对手的出色表现。如果没有约翰逊，在短短的 110 米栏间，刘翔多少会有些孤独。刘翔的成长，正是沿着约翰逊的脚步，一步一步走来并超越的，从开始的一点一滴地观察、研究，到模仿和学习，扬长避短，逐渐发挥出自己的优势，并最终超越了这位赛场"老师"。我们应该感谢约翰逊，因为正是有了这样强劲的竞争对手，让我们可以看到一个不断提高的刘翔，一个向更高、更快、更强，不断冲击的刘翔。也正是有了约翰逊，刘翔才有了学习的好榜样，更有了向更高目标奋进的动力。所以说一个竞争对手胜过一百个追随者。竞争对手越多越强，我们学习的动力就越大，我们学习的积极性就越高。来自竞争者的推动力如此强大，只要我们动心忍性，它将助我们一路成功。

慧点迷津

1. 定期对竞争对手进行分析

分析竞争对手包括：①竞争对手是谁？竞争对手可以定位为我们的同行，如果心胸坦荡的话，身边的同事也可列为竞争对手，因为我们在一个竞争的氛围中可以得到飞速的成长。②竞争对手的优势在哪里，劣势在哪里？ 对于优势，可以“见贤思齐”；对于劣势，则“有则改之，无则加勉”。③在竞争对手的劣势里你能孕育出战胜他的力量吗？ ④在竞争对手的优势里我们有超过他的可能吗？ ⑤我们的核心竞争力是什么？

2. 制订竞争对手档案

对竞争对手进行宏观的分析后，我们需要制作一个具体而细致的竞争对手档案。档案内容包括：竞争对手提供了除产品之外的哪些特色服务？是否比我们的更好？他们是如何满足客户需求的？他们新的服务项目有什么特色？针对每年各大节假日他们在搞些什么活动？效果如何？竞争对手的团队成员是否比我们更专业？具体表现在哪些方面？他们的团队是否有比我们更强的凝聚力？他们每个月的业绩完成情况是处在成长阶段还是下滑阶段？其具体原因有哪些？充分利用互联网来收集他们的信息，以及客户对他们的评价。有了这些准确的信息，也就有了我们超越竞争对手的目标。

学以致用：将“学习的知识”转化为“提升业绩的能力”

学以致用是一种走向成功的能力，是一种使自己更轻松地前进的智慧。而不善于学习、不善于把学习转化为业绩的人，就会像无头苍蝇四处乱撞，就会华而不实，很难获得真正的提高。

案例

欢快的晨舞、意味深长的培训标语、精神抖擞的伙伴们，顿时为公司总部多功能厅增添了绚丽色彩。公司迎来了一年一度销售精英的培训会。这次公司又是花重金请到了行业内实战派讲师和公司总部培训中心的讲师，强强联手举办这次培训。伙伴们想着一定会有很大的收获，所以个个都提前半小时就在培训室门口等着工作人员开门。

三天两夜的销售精英培训包括理论讲授、行业内实战案例分析、现场训练和现场疑难问题解答等环节。培训老师和主办部门想尽一切办法让培训做到实用、实效。参训伙伴们也士气高昂，为了达到满意的学习成果，伙伴们精力高度集中。培训结束后，主办部门对培训效果也做了调研，结果都是非常满意。100%的学员对本次培训内容、培训老师和效果都非常认同，还在总结里写下回到工作岗位后如何将业绩提升起来的计划。

在双方都这么用心的情况下，按常理，店铺的业绩应当会有很好的起色，至少得翻几番吧。可现实来得太“残酷”，业绩确实有提升，但幅度非常微小。

并不是每个伙伴都做到了学以致用，有的伙伴找不到培训时的灵感，改进无从下手；有的伙伴学完回去根本就不知道如何将学到的知识和技巧在销售中运用，在开会时说得好好的，有的内容还能倒背如流，可一到销售中碰到顾客就被打回原形了；有的伙伴知道这次学的东西对自己业绩提升有帮助，并尝试去运用，可生搬硬套，不顾场合；还有的伙伴根本就没用培训时讲的知识和技巧，因为已经习惯了旧方法……五花八门的结果都有，就是没有把学到的知识很好地转化为提升业绩的能力。这个问题一直是这个品牌最困惑的问题，相信也是很多品牌的困惑……

分析

“如果学习不与自己的工作联系起来，学而用不上或不用，那么学习就失去了大半的意义。”一位教育专家也说过：“学习，要和兴趣相通，和工作相融，和应尽的责任相连。越在工作中学习就越能体验乐趣，也就越能感悟人生。”因此学会在工作中学习应当变成我们的需要，这样我们才可以在工作中享受成长的乐趣。

学以致用是一种走向成功的能力，是一种使自己更轻松地前进的智慧。而不善于学习、不善于把学习转化为业绩的人，就会像无头苍蝇四处乱撞，就会华而不实，很难获得真正的提高。这样的人，终其一生难成大事。所以，青春洋溢的终端伙伴，不但要努力学习，更重要的是要学会将学习到的知识转化为提升工作业绩的能力。通用电气总裁韦尔奇曾说过：善于学习并将知识迅速转化为行动的能力是最根本的竞争优势。

很多伙伴和案例中说的一样，在公司的安排下参加过很多培训，尤其是一些大品牌特别重视终端伙伴的培养，每个月都会举办很多场次培训。回去之后公司也都会做很多关于执行文化的工作，比如墙上挂满了执行的口号，回到工作岗位后也有分享总结。但结果是执行力仍然有待提高，业绩提升不是那么的明显，或跟原来一样，没有任何起色。

愿望是好的，结果却是没料到的。如何让参训的伙伴们把培训中所学到的知识运用到工作中，以便更好地提升工作绩效呢？

关键是我们要认识到学以致用的重要性，然后根据培训内容更新思想，诊疗日常工作有何硬伤和可以精益求精之处。接下来切实地去行动，不一定每一点都模仿，关键是适合自己，一点一点地改进，最终会发现整体工作有很大的进步。

慧点迷津

1. 培训学习之后考试

每次当伙伴们回到工作岗位一周后，我们店长都要给大家考试。考试分两种进行，一种是笔试，如果是培训的话，一般要培训老师把重要的内容发给企业方的相关负责人。然后店长根据自己区域伙伴实际情况出好考试题，以问答题为主；另一种是实践型，比如销售培训，可以利用一个早会或晚会的时间，店长来扮演一个客户，然后要参训过的伙伴运用培训时老师讲过的相关知识和技巧来应对。

2. 写总结

这个可以在培训学习当天来做，当培训结束后，老师走了，店长要求本区的伙伴留下，布置写培训总结的要求，如果店长本人没在现场，就委托其他管理者来代替他完成此项工作。要求参训的伙伴结合自己的工作经验和培训时老师讲过的内容来写自己的收获。并且要写清回到工作岗位上如何去实施，达到什么结果。

3. 分享总结

等各个伙伴写完总结后，回到工作岗位上以店铺为单位进行分享，如果同一个地方没去那么多人，那么分享总结就在培训场地进行，做完这个动作再回到工作岗位上去。在分享时，各自分享自己的总结，互相点评，或结合实际工作批评与自我批评，最后小组选代表上台对他们本组的总结进行分享。

4. 将培训内容目视化

学员把总结写在大白纸上，然后集体跟这个总结一起照个相，回到工作岗位上后把这个照片和总结一起贴到店铺休息间或宿舍，让大家时时都能看到，并起到提醒作用。如果不方便张贴的话，就可以写到小纸条上，放到工牌后面，这样也可以随时看到。

5. 课后做习题

在举办培训前，举办方可以要求培训老师给学员布置习题作业，让学员根据自己的实际工作情况结合培训时的内容做练习，店长及时跟进并得出结果。

6. 培训后工作案例剖析

培训结束回到工作岗位后，一周内，结合实际工作情况说出或写出与培训时内容相关的案例，可以是伙伴自己或身边其他伙伴的案例，进行剖析，总结出自己的对案例的想法或是改进案例的方法，终端管理人员或优秀人员可做相应的点评，这样伙伴会收获很大。比如店铺早、晚会议，说出或写出培训之前是怎样开会的，好的方面或不好的方面在哪儿。拿出来分析，结合培训时的内容和老师的要求，如何改进和优化会议管理。

7. 课后授课分享

要求伙伴在培训结束后，给该区域或店铺没有参加过培训的伙伴复制培训，而且能结合工作中的实际情况，把课程内容更具实操化地与同事们分享，这样很容易加深伙伴对培训内容的理解，易于在工作中转化为提升工作绩效的一种能力。

8. 培训后的行动计划跟进

要求参训的伙伴把培训内容结合自己的实际工作情况，写一份可执行可量化考核的行动计划，参训伙伴的上司及时跟进并做出相应的评比，在区域内评出最优秀者，给予相应的奖励。

终身学习：学习也要与时俱进

我们在一线工作的伙伴们，经常跟各种各样的客户打交道，要想进步更快、成就更多，就要学为人先，与时俱进，生命不息，学习不止，做适应时代发展的优秀零售终端精英。

案例

A店铺是以销售时尚服装为主的一家专业品牌，顾客群体主要是20～35岁的时尚都市女性。这样的品牌定位和消费群体自然就要求店铺的导购是时尚靓妹型的了。的确，不管从导购的工服还是仪容来看，她们都称得上是整个商业女装店铺里最时尚的。每当导购们排队站在店铺外面开会时，就成了商业街上的一条亮丽风景线。

事实上，这样具有时尚魅力的店铺每天吸引进店的顾客并不局限于20～35岁的女性顾客，很多40多岁的白领女性和一些打扮时尚的男性也会走进这家店铺。这不，一天一位40多岁的凤姐走进了这家店铺。

第二天是周末，晚上有一个大学同学聚会，想着平时老是穿职业装和工装，这次同学聚会要见到十几二十年都没见过的老同学了，得打扮打扮才行，于是凤姐就走进了这家在整个商业街品牌定位最清晰的时尚女装店，想找一条适合聚会场合穿的裙子。

凤姐一进店铺就被店铺琳琅满目的时尚产品所吸引了，心想：这次来对了地方，应该可以在这里找到满意的产品。于是朝导购盼盼说起了自己的需求：要显得年轻时尚但又不要太夸张，要简约稳重大方显得有涵养。盼盼傻了眼，在平时的培训学习中根本都没有学习过关于晚会服装搭配的技巧，而且自己店铺的产品好像很难满足凤姐的要求，显然盼盼的专业服务根本达不到凤姐的要求。凤姐便失望地离开了这家店。

分析

人们的生活品质在不断地提高，对自己以何种面貌出现在各种场合也越来越关注，以展现个人的魅力，从而增强自信心。所以**市场和顾客要求做时尚产品销售的导购越来越专业，我们不但要懂得品牌定位的专业知识，还要掌握最新时尚潮流知识、各种搭配技巧及其他专业知识。**

市场每天都在发展变化。变化，是企业间和企业内竞争的根本原因和原动力，也是使企业欣欣向荣的成长活力！而一个公司、一家店铺、一个员工优秀与否，主要看他能否应对每时每刻可能发生的任何变化。

变化是不可避免的，是必须面对的。要想应对这些突如其来的变化，最直接最有效的方法就是学习！俗话说：“磨刀不误砍柴工。”平常积累的经验和知识，看似用处不大，当变化发生时，别人可能会手足无措，而那些平常善于学习的伙伴则胸有成竹，“任他风吹雨打，我自闲庭信步。”

另外，知识也在日新月异，旧的知识会不适应这个社会快速前进的步伐，你不努力去学习，不去蜕变，就会被社会淘汰。特别是我们在一线工作的伙伴们，经常跟各种各样的客户打交道，要想进步更快、成就更多，就要学为人先，与时俱进，生命不息，学习不止，做适应时代发展的优秀零售终端精英。

兰州店长培训（公开课）

慧点迷津

1. 清晰市场发展的形势

零售终端在中国市场已经走过十几个年头，不管是从公司战略层面还是店铺标准化管理都有着飞跃的进步。国外先进的管理知识也在中国零售业找到了适应的土壤，并生根发芽，茁壮成长。每个老板和每个一线的伙伴对专业的销售技巧和店铺管理技能并不陌生。所以对我们终端伙伴们来说，一粒黄金放在沙子里很容易被人认出来，可是如果人人都是黄金，那么如何才能在这样的环境里凸显自己呢？答案很简单，就是提高自己。因为当大家都站在同一高度，你要想使自己看得远、走得稳，只有通过不断学习丰富自己，才能在情况发生变化的时候处变不惊，胜人一筹。

2. 在学习中与时俱进

与时俱进是指准确把握时代特征，始终站在时代前列和实践前沿，始终坚持解放思想、实事求是和开拓进取，在大胆探索中继承发展。也就是我们学习的知识一定要与市场发展需求和工作需要相匹配。那么针对市场对终端人才的需求，作为新时代下的终端伙伴们，我们应当学习哪些方面的知识，让自己的综合素质得到提升从而能适应市场发展的需求呢？

第一，学习专业知识。我们要做一行、精一行、专一行，工作岗位要求内的所有专业知识我们都要做到精通。导购要学习：信息时代下的新型产品运用、行业信息、时尚潮流知识、时尚搭配专业技巧、竞争品牌的各个时期的优劣势、自己品牌的发展历史、企业文化、品牌优劣势、产品专业知识、销售技巧、顾客需求掌握、顾客管理与服务、时间管理能力、自我管理能力、情绪控制能力及其他工作能力。店长除了掌握导购的技能，还要学习：店铺人货场管理、目标管理、数据管理、会议管理、财务管理、组织统筹能力、培训能力、号召力、团队管理能力、促销管理能力、拉动业绩能力……一切与店铺业绩提升和管理规范的能力。

第二，学习名人传记。常阅读名人传记，会让我们对事业和生活充满无限的正能量，还能被名人的精神所感染，学到名人处理问题的方法。

第三，学习文学类的知识。常学习文学方面的知识或阅读文学书，不但能提高我们的内在修养，更能提高我们的情商。

第四，学习具有智慧的书籍。常学习这样的书会提高我们的智商，让我们更快更好更全地看清人世间事情的伦理和掌握事情发展的规律。

第五，学习百科知识。学百科知识，成博物君子。万物之理是相通的，熟悉百科知识，会让我们在瞬间转换思维，触类旁通。

第六，学习识人。就是学会读懂身边的每个人，如加盟商、上司、同事、顾客、朋友。做销售的用心思去读不同职业、不同年龄、不同性别的顾客，他们各自的需求是什么？做管理的用心去读自己的员工，什么样性格的员工用什么样的管理办法，是激励还是激将？天天关注，天天学习研究，很快我们就会练就识人的本领。

学习规划表

序号	学习内容	学习目标	学习方式	时间安排	目标达成情况	
					达成	未达成下步计划
1						
2						
3						
4						
5						
6						
7						
8						

工作中学习规划表

<table>
<tr><td>1. 回顾工作目标</td><td colspan="3"></td></tr>
<tr><td rowspan="4">2. 工作结果对比</td><td>类别</td><td>目标</td><td>结果</td></tr>
<tr><td>结果＝目标</td><td></td><td></td></tr>
<tr><td>结果＞目标</td><td></td><td></td></tr>
<tr><td>结果＜目标</td><td></td><td></td></tr>
<tr><td>3. 叙述工作过程</td><td colspan="3"></td></tr>
<tr><td rowspan="2">4. 工作结果自我剖析</td><td>优点</td><td colspan="2"></td></tr>
<tr><td>改进点</td><td colspan="2"></td></tr>
<tr><td>5. 众人对此项工作设问</td><td colspan="3"></td></tr>
<tr><td>6. 总结规律</td><td colspan="3"></td></tr>
<tr><td rowspan="9">7. 总结归档</td><td>时间</td><td colspan="2"></td></tr>
<tr><td>地点</td><td colspan="2"></td></tr>
<tr><td>参与人员</td><td colspan="2"></td></tr>
<tr><td>停止执行的动作</td><td colspan="2"></td></tr>
<tr><td>继续执行的动作</td><td colspan="2"></td></tr>
<tr><td>新增的动作</td><td colspan="2"></td></tr>
<tr><td>成功的关键因素</td><td colspan="2"></td></tr>
<tr><td>失败的根本原因</td><td colspan="2"></td></tr>
<tr><td>可参照的案例</td><td colspan="2"></td></tr>
</table>

第四章

终端伙伴们正值青春年华，怀着对爱情的憧憬，对爱情跃跃欲试。也许是带着对爱情的好奇，也许是在寻找一种快乐方式，也许是想自己伤心郁闷的时候能得到对方的关心和帮助……很多情侣相处了一段时间因不能接受对方的性格而分手，并为此闹情绪，搞得自己整天六神无主，精神恍惚，直接影响到工作，甚至有些伙伴为情所困做出不明智的举动，伤害到自己的身体，让上司和家人心痛。

都说爱情是人生中必不可少的一段插曲，爱情对我们的人生有多大的影响？应该要有什么样的爱情观？应该怎样去思考和对待爱情？怎样规划人生，把爱情放在什么位置，奉行什么样的爱情准则，从而使自己的人生更加辉煌，更有意义？这些都是我们终端伙伴们应该面对和思考的现实问题，也是我们终端管理者和老板们需要引起重视，并及时加以正确引导的问题。

如何让爱情摆脱命运魔咒

我发自内心地劝告大家，不管站在人生的哪一个岔路口，都不要轻率地做出错误的选择。因为，很可能那个选择并不是你想要的，而是你脑中的程序指使你做出的“非理性”决定。每当此时，你应该向那些比你有能力、比你年长、生活得幸福的人寻求指点。当你不再依赖别人，而能依靠自己的判断做出正确的选择时，你就已经成功地摆脱了那些旧观念，为自己的命运作主了。

案例

A店铺的小点是农村长大的孩子，家里比较穷。在小的时候她就经常听妈妈说：“祖祖辈辈都是这么穷，没办法，认命吧！我们只有这样的命。”

妈妈在平日生活中经常一个人叹气说：“我们没有发财的命，不论怎么努力都无济于事。”这时，爸爸就会在一旁安慰妈妈说：“是这个不公平的世界让正直的人都无法过好日子。”

小点就是从小听着这样的话长大的。小点长大之后，成为了一个不贪钱财的“清纯而善良”的少女。小点认为，富裕、高品质的生活与她没有缘分。所以，她自从进店铺工作后，就从没有什么想法，每天就是做一天和尚撞一天钟。走到哪儿算哪儿，根本没有明确的目标。

在交男友的问题上，她认为那些优秀的男人都显得高傲，不会看得起她这样的女生的。在这种消极的心理作祟下，她拒绝与优秀的男人交往。不知不觉中，在工作和爱情的每一个岔路口，她都选择了不幸。她总这样自我暗示：认命吧，我就是这样的了，我不是其他伙伴们的那块料，工作尽自己的努力做好就行了，什么一定要通过自己的努力、奋斗给自己创造美好的未来从而来改变家庭的状况，这些好事是轮不到我的。

在爱情上她也这样自我暗示：我这样的女孩能找个和我差不多的人就不错了，还谈什么优秀的男人呀，那样的男人我也没能力和自信管好他，我还是不要自讨没趣了，就这样过好每一天算了。她和她妈妈一样，认为自己是命中注定没有福气的人。

直到参加工作的第四年，小点才打起精神来，发现自己长期以来失魂落魄，一直做着奇怪的选择，过着碌碌无为的生活，而操控这一切的、无形的肇事者，居然就是她从小被灌输的那些思想。

明白这一切之后，她立即行动，咨询比她过得幸福的人、优秀的导师和比她年长的师兄师姐们，在大家的帮助之下，她重新做自我分析，重新定位人生，活出了真正的自我，也找到了灿烂的爱情。

分析

在终端，有些在穷困家庭长大的伙伴，将家庭的贫困往往归咎于父母的无能。因为父母没钱，自然就没办法让她们接受高等教育，所以后代继承的不是财产，而是贫穷和不幸。而富人家庭的女孩就不同了，从小就接受高品质的教育，接触的人群都是有身份人家的孩子，她们在脑海里形成了富裕生活的思维模式，所以后代继承的不但是财产，还有富裕的观念。当然，这不是完全没有道理的。不过，这其中的因果关系要比从父母那里继承贫穷或富裕更为复杂。

案例中父母留给子女的并非只有贫穷而已，他们还把不幸的观念也灌输给了小点。史蒂夫·毕德浦的著作里有类似的观点：“不幸的父母会在子女的头脑里，不断地记录自己的不幸。”长大之后的子女会依据儿时被灌输的思想，重复那些思想引起的行为模式。这个观点与人的“心理倾向”决定人的选择有着密切的关联。

兰州店长培训

其实我们要明白：命运不是既定的、继承来的，也可以依靠努力来改变。不管从父母那里继承来的是贫穷还是富裕观念，我们都可以过着与他们完全不同的生活，因为人生是由我们自己开创的。所以在今后的工作中一定要有企图心，有清晰的目标；在选择男友时我们在问自己“我想要什么样的男友”之前，先要问问“选择这个人能不能让我幸福，能不能给我带来我想要的婚姻生活？”但在这个过程中令人感到痛惜的是，终端的很多姐妹们会为情所困，明明知道她的选择会让自己走向不幸，仍然要飞蛾扑火一般不计后果。

因此，我发自内心地劝告大家不管站在人生的哪一个岔路口，都不要轻率地做出错误的选择。因为，**很可能那个选择并不是你想要的，而是你脑中的程序指使你做出的“非理性”决定**。每当此时，你应该向那些比你有能力、比你年长、生活得幸福的人寻求指点。当你不再依赖别人，而能依靠自己的判断做出正确的选择时，你就已经成功地摆脱了那些旧观念，为自己的命运作主了。

慧点迷津

正在寻找另一半的伙伴们要注意，我们在选择别人时要明白：能够得到幸福爱情的人，并不是只想着“我要有个好爱情”而已。你必须让自己成为一个只能喜欢好男人的女人，如果目标是好男人，那就要培养让普通男人望而却步的气质。了解好男人具备哪些特质，我们自己得按照这个标准先做到，等我们成长为一个优秀的女人了，那很自然就能获得优秀男人的倾慕。

如果有男友并考虑结婚的伙伴，那我们应注意些什么呢？结婚前应考虑：自己“潇洒”够了没有？ 我们值得信赖、忠贞不二吗？我们对将来的憧憬是否一致？我可以忍受他的缺点吗？ 处理我们之间的分歧是否公平，手法是否成熟？ 对金钱的看法是否一致？对孩子的想法是否一致？ 我们的性生活能够和谐吗？ 决定结婚是因为所有的朋友都结婚了吗？ 他重视我的事业吗？ 我是否为了逃避问题才结婚？ 我们的关系在他心目中是否处于第一位？

别喝“爱情苦酒”：对人生路上绊脚石式的爱情早认清、早分手

我们女性在恋爱的时候往往会失去部分理智，即使心理成熟的女性在恋爱的时候，理智指数马上降低不少。很多女孩喜欢爱得轰轰烈烈，恨不得天下皆知。很多女孩会倾注自己所有的感情和精力，为爱情丢掉自己的一切，弄得后悔莫及。所以我们在爱情苦酒中要学会当机立断斩情丝，这样才能扫清人生路上的绊脚石，走上事业发展的坦途。

案例

依依是一个中学生，由于不喜欢上学，所以高中没上完就退学了。父母看她很爱美，平时喜欢买很多化妆品之类的东西，于是在离家不远的地方找了一个做化妆品生意的朋友帮忙，让依依去朋友公司的化妆品店铺做销售导购。依依是一个有个性、上进的女孩，很喜欢自己现在的工作，并立志在这个行业闯出一片属于自己的天地来，所以销售业绩一直非常棒，平时的工作尽职尽责，表现很好，也是区域管理人员重点关注培养的对象。

不到半年时间，依依不负领导所望，成功晋升为店助。按照公司的店助任职要求，每位店助都得无条件接受公司的分配，一般不会回到原来的地方，所以依依也被分

到另一个城市的一个大店铺当店助。

能分到这样的店铺当店助的人，都是公司重点培养的对象，将来要负起公司区域管理的重任。依依听到这个消息后很兴奋，第一时间与男友分享，希望得到他的祝贺和鼓励。

但男友听到这个消息时并没有像她一样兴奋，第一反应是惊讶，接下来就是反对，他说："你从来没离开过你生长的城市，也从来没离开过家人。更重要的是，不在一个城市，我们就不可能每天在一起了。那么远，我不同意你去，不就是一个店助吗，工资也加不了多少。你要想清楚，如果你离开我那么远，可能半年都见不到一次面，这样我们的感情肯定会慢慢淡化，难道我们曾经的共同约定都是假的吗？总之我不同意你去，我想你父母也肯定不会同意的。一个女孩子不用太卖命，好好工作几年，到时就结婚生子在家做全职太太。依照我们两家的经济状况，准保你能过上衣食无忧的生活。"

男友的一席话让依依很烦恼，她得到公司这么难得的发展机会，是一件多么开心的事呀，而且也是她梦寐以求的。她才 21 岁，在她的观念里结婚还很遥远，她不想早早过上男友所说的生活，不想早早断送自己的职业生涯。她想做一个内外兼优的新型女性，现在奋力打拼，做好人生储备，将来有自己的事业，有幸福美满的家庭生活。

分析

有的伙伴认为，两个人结合之后，高品质的幸福生活应当是男人去创造或负主要责任。放在以往，这种观念看起来是那么理所应当，但现在是高速发展的社会，对年轻人的要求越来越高。**如果我们想生活美满幸福的话，家庭的负担最好还是两人一起去分担，困难和幸福都应当一起去面对，这样才会是一对幸福的伴侣。**

还有一句话是这样说的：女性恋爱结婚后，事业不一定是她维持生活的支撑点，但有事业的女人一定是活得有尊严、最受欢迎的。所以女性还是要去打拼的，这样

流行美店长户外训练

才能成为思想独立、感情独立、经济独立的内外兼优的新型女性。

像案例中依依这样的烦恼，很多终端伙伴都不陌生。我们女性在恋爱的时候往往会失去部分的理智，即使心理成熟的女性在恋爱的时候，理智指数马上降低不少。很多女孩喜欢爱得轰轰烈烈，恨不得天下皆知；很多女孩会倾注自己所有的感情和精力，为爱情丢掉自己的一切，弄得后悔莫及。所以我们在爱情苦酒中要学会当机立断斩情丝， 这样才能扫清人生路上的绊脚石，走上事业发展的坦途。

慧点迷津

1. 认清状况，摆脱烦恼

每当烦恼时，我们可以闭上眼睛，想想过去的生活是自己要的、喜欢的吗？把过去的烦恼和喜悦一一摆出来对比一下，就清楚自己要的和喜欢的是什么。然后再仔细想想你将来要什么样的生活？你要拥有什么样的人生？你想让你的父母将来老了退休后过上什么样的生活？你希望你的亲戚朋友怎么看你？怎么评价你？回答了自己这些问题后，再看看公司提供的这次发展机会是不是让你无法割舍？这样问过之后，你就知道你内心真正要的是什么，你要怎么做才是对的，你要坚持的是什么。

2. 充分沟通，让思想在统一战线上

要避免男友成为自己事业上的绊脚石，必须充分沟通，统一思想。不妨这样沟通：我们现在还年轻，应当积极上进，追求更大的发展舞台和机会，这样我们的人生价值才能得到更好地实现，我们的爱情才会长久、稳定。两个人的感情如果是真的，距离是改变不了什么的。我们可以经常电话沟通，一个月也可以见面一次，这样对相互的工作都不会有影响。在不同的地方实现同样的梦想也别有一番味道，到那时回忆起来也是件很美好的事，经得起磨砺的感情才是真情。

3. 真情不怕火炼

如果对方实在无法沟通，要求必须按他的意愿行事，那么我们就可以暂时放一放，冷却一下，让时间来证明一切。看看双方在对待同一件事情有不同意见发生摩擦时，双方会有什么感受和举动，到最后我们也可以看出一些问题的真相，对我们选择终身伴侣有很好的参考价值。这样经得起考验的感情才是真感情。如果经不起考验，也能早认清、早放手。

小心陷阱：不要因爱情迷晕了头而丢失了自己

爱情是个越来越扩大的圆，不是为了限制自己，而是为了扩充自己，让处于同一频道的两个人成为更好的自己。其实每个人都能做自己的心灵辅导师，只要平静下来好好分析自己，分析清楚孰轻孰重，控制好自己的人生节奏，永远不要失去自我，永远有你自己的目标和想法，你会更快乐更充实并且更有魅力，那样的你才更爱自己，那样的你才更有自信。

案例

小叶来店铺工作已经快两年了，一直工作得非常不错。在两个月前经朋友介绍认识了一个男孩。男孩跟她不在一个城市工作，但也隔得不远。虽然异地，但是他们交往比较顺利，都很珍惜彼此，没过多长时间两人就确定了男女朋友关系。

两人见面的时间都是在小叶的休息日，因为节假日是服务行业最忙的时候。自从确定男女朋友关系后，小叶的工作情绪就有所变化了，原来天天能达标变成现在天天不能达标。小叶每天下班后都会接男友打来的电话，两人经常相互发很多短信，休息时小叶就会去男友工作的地方看他。后来他们干脆不打电话发信息了，小叶下班后第一时间赶去网吧跟男友上网视频。男友因为工作没有太多自由的时间，都是小叶过去看他或和他视频。

就这样，在和男友交往后的几个月，小叶和她的朋友联系少了，发呆的时间多了，也变懒了，花钱更奢侈了，因为常上网视频或打电话，经常头疼失眠、反应迟钝。她一味沉浸在爱情里，工作上简直一落千丈。

这样，小叶在店铺又快工作一年了，可一直都没达到晋升店长的资格。男友却一直积极上进，也经常会问起小叶的工作情况，小叶一直骗他，总说自己很努力，让他放心。其实小叶很清楚自己的变化，每次听到和她一起进店工作的伙伴们获得荣誉时，她都惭愧地低下头，一直反省自己。为什么恋爱会把自己弄得没有斗志呢？

男友的工作一直很顺利、很努力，丝毫没有因为他们的恋爱而影响工作和个人成长，可小叶朋友少了，工作一无所成，成为一种煎熬，只有和男友在一起的时候会非常放松和快乐。男友不在身旁，她就不知所措，工作也是心不在焉，像中了邪，丢了魂！自己无法脱身，但心中又对自己施加了很大的压力，于是小叶就在应该与不应该之间挣扎，结果惶惶不可终日。

分析

大部分终端伙伴们正处于风华正茂的年龄，爱情是我们这个年龄阶段最重要的，但不是唯一的。不管是男人还是女人，在爱情开始、热烈到平淡后总会回归到社会做个社会人。爱情，没有则可悲，有了是幸福，若成了唯一则只能是悲剧。

案例中小叶的男友挺优秀，能摆正爱情、控制生活节奏，这种人是能享受爱情并打理好生活的。但小叶在爱情来了就什么都放弃了，那么，爱情过后她是不是要以一无是处的状态去迎接她的最爱呢？若她除了爱情别无所有，那么迟早会是个乏味的人，也会失去对爱情的魅力，迟早会吃到自己种的苦果。

如果两个人在精神层次处于一个频道，爱情会演绎为不朽的神话；如果两个人在热恋过后发现了难以填补的“落差”，那爱情只能是昙花一现。

爱情是一种美好的体验，但随着时间的推移，热恋的温度慢慢下降。回到现实的日常生活中，双方会慢慢开始更清晰地看到彼此的优缺点，有的能接受，有的不能接受，就会开始争吵。所以，如果要步入婚姻阶段，不是光有热恋时的感觉就行，还要有实实在在的相处，有长久的磨合，更有各自的圈子的来往互动。总而言之，爱情是个越来越扩大的圆，不是为了限制自己，而是为了扩充自己，让处于同一频道的两个人成为更好的自己。其实每个人都能做自己的心灵辅导师，只要平静下来好好分析自己，分析清楚孰轻孰重，控制好自己的人生节奏，永远不要失去自我，永远有你自己的目标和想法，你会更快乐更充实并且更有魅力，那样的你才更爱自己，那样的你才更有自信。

慧点迷津

爱一个人偶尔会有盲目的时候，有时候会忍不住去想念他，甚至无时无刻的。但是，**爱情不是人生的全部，还要考虑一下我们的事业、前途和家人朋友。**即使再怎么沉迷，也不能超越底线。爱情应该使每个人越来越美好，而不是倒退。而这个底线就由各人的自控力去把握。我们可以试图把所有注意力放在工作中，冲刺每个月的目标，服务好每一个顾客或做些自己感兴趣的事情，多花点心思去研究，分散一下自己的注意力，而不是只集中在爱情上。

在终端店铺我们每个品牌都会举办很多活动，不妨试着用心去参与、感受，多与自己的同事交流，把自己的视野放大，合理地安排每天的时间，下班后跟积极乐观的同事逛街了解市场流行趋势。慢慢地我们会发现我们不但拥有美好的爱情，还可以拥有爱情之外的更多收获。

爱不盲目：千万别被不良男友篡改了你的人生

内心强大，目标坚定，无人可篡改你的人生。在困苦曲折中，我们要多些把握自己的勇气，敢于坚定地选择，更要智慧地放弃。内心强大，不是一味地隐忍，而是在经历百转千回后，发现自己依然倔强地站立。只要灵魂不倒，谁也摧毁不了你。别为了拒绝凋零后的凄美，而惧怕盛开时的绚烂。只要心底坦然，早晚皆是好时光。

小雅来店铺工作好长时间了，她不仅人长得漂亮，而且家庭条件非常好，虽然在店铺工作，休息时间有限，但追她的男孩很多，大多条件还不错，可小雅一个都不喜欢。小雅喜欢她在网上认识的一个远在浙江的男孩，虽然没见过，可小雅还是喜欢他，因为她觉得这个男孩最懂自己，最在乎自己。那时的小雅在想，要是真的能跟这个男孩在一起生活，那该是多么幸福的事情。

终于有一天男孩来见小雅，两个人在一起了，小雅觉得世界上最幸福的事莫过于此。

两个人在一起并没有征得小雅父母的同意，他们希望小雅找一个家庭条件相当的男孩成家，而这个男孩家庭条件很差。于是父母对他们开始百般阻挠，甚至派人跟踪他们，逼小雅回家。

在父母的高压下，小雅和男友商量要逃离自己的父母，于是小雅辞掉在家乡店铺的工作，跟着男友去了男友的家乡，在那里找到了原来品牌的店铺工作。两个人租了房，准备自食其力，创造属于两个人的生活。

在新的店铺工作，什么都是从头再来，虽然工资不高，但小雅很努力，业绩也很不错。不过终究是店员，那里是个小地方，消费潜力不高，收入也不高。男友一直没有工作，生活开始变得拮据。

最开始的日子很清贫，不过小雅很满足。每天下班，有男友做好饭在家里等着自己，晚上可以牵着男友的手一起散步、聊天，而且男友对自己也很细心、很体贴。小雅觉得，这个小家虽然暂时不富裕，可是很温馨。作为一个女人，有什么能比拥有一个温馨的家更幸福的呢？有没有钱，那并不影响幸福的感觉。

日子一天天过去，除了偶尔跟父母打电话吵吵不开心以外，生活还是很满足的。可好几个月过去了，小雅的男友还没有找到工作，面试了很多次，总是不成功，要么不愿意做，要么别人不要他，时间长了，对找工作也没什么兴趣了。

只有小雅一人有收入，两个人的日子越来越艰难。小雅开始着急起来，这一着急，两个人之间的矛盾就开始了，经常争吵。最开始，每次吵后都会很快和好，可越是到后面，每次吵架，就像一把把钢刀，扎在两人的感情上，然后划出一道道大小不一的伤口。

为此，小雅经常睡不着，想着那往日的幸福，不明白幸福的日子为何变了模样。这时的男友也开始发生了变化，对她不再像从前那样好了，经常一个人在外借酒消愁，到深夜才回，有时还跟人家打架，整个人越来越颓废。

这让小雅越来越苦恼，但她对他们的未来还充满着期待，总是安慰自己：男友只是暂时没找到工作，等他找到工作就会好的，我可以帮他去寻找机会。小雅确实也帮男友找到一个机会，但他一面试就搞杂了，总是高不成低不就的一副姿态。

眼看着时间一天一天过去，小雅有危机感了，她的负面情绪直接带到工作当中，影响到了工作成绩，业绩经常未达标。这样一来收入又少了。

有一次小雅实在受不了男友，就在他们争吵时说了很难听的话。男友一气之下就动手打了她，还逼她把所有的积蓄拿给他花，要不然就会有好果子给她吃。这种事有了开始，就会有第二次、第三次、第四次……果真是这样。

到后来小雅和男友的生活完全变样了，男友整个人比之前更糟糕了。这时小雅想起了爱她的父母，经常打电话给父母，但不敢说什么，短短几句便挂机了。慢慢地小雅变得沉默寡言了，发呆的时间越来越多，对自己的将来失去信心，天天晚上在失眠中度过，在店铺的工作状态也是时好时坏。

分析

终端伙伴对爱情处于一种懵懂状态。大多数伙伴最初都很痴情，相信自己的选择没有错，从来不曾遥想过某一天两人会分道扬镳，但现实生活中这样的事例却屡见不鲜。面对许许多多人生的遗憾，聪明的你可曾思考过他会永远那么可靠吗？

多少年以后，当我们回过头来细细品味我们现在的岁月，我们会惊讶地发现那个曾经让你着了魔的男人，其实就是走在大街上的很平凡的男人中的一个。你会暗自笑自己，这就是我青春时光中的最爱吗？你会否定自己，原来的自己眼光竟然这么差，于是告诫自己，要走走停停，适时地蓦然回首，这样就会保持一个清醒的自己，认清真爱，无悔一生。

爱情本来是件很美好的事情，但是如果爱上一个不良男友，而且他有可能会篡改你的人生，那么你的爱情就会变了样，根本谈不上快乐，简直就是掉进了苦海——欲罢不能的那种苦，有苦说不出的累。如果伙伴当中，有像案例中的小雅一样的经历，请一定记得：回头是岸，早点找到自己的岸边，不要一根筋，一下子扎下去出不来，那样会永无出头之日，整日生活在痛苦之中。没有自己的真实生活，没有未来，只有幻想，那种苦不堪言，没有经历过的人是无法理解与感同身受的。

你用一个女孩最好的青春时光，爱上一个不值得你爱的男人，这简直就是世界上最糟糕的事情。所以我作为过来人奉劝在这条路上的伙伴们赶快放手。知道吗？这是在用一个天使的心灵，去爱一个人间的魔鬼，这样是永远不会有好结果的。我们不可能用青春去等待这样一个未来，这样的未来永远是苦涩和没有尽头的灰暗。

慧点迷津

没有恋爱前，我们要从多方面去弄清楚什么样的人才是值得我们珍惜的。要有择偶的标准，要有做人做事的准则和底线，要分得清是非善恶。如果在恋爱过程中发现对方的变化方向开始偏离你的标准后，自己感觉到不适时，要立即斩断情丝。长痛不如短痛，这样对双方都是件好事。

内心强大，目标坚定，无人可篡改你的人生。在困苦曲折中，我们要多些把握自己的勇气，敢于坚定地选择，更要智慧地放弃。内心强大，不是一味地隐忍，而是在经历百转千回后，发现自己依然倔强地站立。只要灵魂不倒，谁也摧毁不了你。别为了拒绝凋零后的凄美，而惧怕盛开时的绚烂。只要心底坦然，早晚皆是好时光。

永远记住：健康是女人一生的宝藏，美丽是女人一生的追求，财富是女人一生的尊严，婚姻是女人一生的幸福。

相爱不如相忘：对负心男友要像毒品般敬而远之

对于负心的男孩，正处在懵懂期的伙伴们一定要提高警惕，应该远离他们就像远离毒品一样，因为他们一旦走进我们的工作和生活，那将会是一件非常可怕的事情，会让我们为之荒废自己美好的青春时光，成为拥有美好人生的奢望者，那样伤害的不但是我们自己，对关爱、支持我们的人也是一种莫大的打击。

案例

小梅来店工作很长时间了，表现一直非常不错，可最近情绪很不好，听宿舍和她一起住的同事说，她最近晚上经常失眠，很晚都无法入睡。原来她在感情上发生了一些事，影响到了她的工作和正常生活。

小梅和男友处了四年，在这四年里他们也有吵过、闹过，风风雨雨他们都在经历着，两人的感情也就这样被磨炼出来了。

在他们刚开始认识的时候，男友就在给她勾画他们将来的蓝图。以前男友总说房子不用小梅操心，可后来他又告诉小梅家里没钱，买不起房子，如果想和他在一起就得出去租房子。小梅不忍心逼迫男友就妥协了，同意出去租房子。

就在小梅将要搬过去和男友同住的时候，男友告诉她不想出去租房子住，一个

流行美销售精英训练

月水电费什么的太浪费了。如果结婚就在他家和自己父母一起住。但是他家的房子很小，小梅觉得和父母住不方便，于是他俩又谈得很不愉快。但最后还是小梅妥协了，小梅告诉男友同意搬过去住，两个人省下钱买房子。

正当小梅做好一切心理准备，打算跟他和他家人一起生活的时候，男友又来了新的想法。他告诉她，他想趁结婚之前玩玩儿，想看看和别人在一起的感觉，甚至还说想找个条件好的，这样就可以少奋斗几年。小梅简直被男友气晕了，愤然离开了男友。

后来男友多次向她道歉，讲了很多甜言蜜语。小梅耳根子一软，不计前嫌，原谅男友了。前两天小梅去了男友工作的那个城市，他对她也还是像以前一样好，带着她去见朋友。但后来，时间长了，小梅渐渐觉察到，男友已经和别的女孩处上了，而且那个女孩家里比较富裕，不仅如此，男友还在网上和几个女孩谈感情。小梅很伤心，四年的感情她实在放不下，一下子也很难接受男友这些举动。小梅回到工作岗位上，每天都是无精打采的模样。

分析

我们终端的每一个伙伴对自己将来的生活都充满着美丽的幻想。除了有美好的憧憬，我们也应该有十足的理智。不管是在人生成长的哪个阶段，我们都得保持一颗清晰的头脑，做好每一次选择。不要总认为世界是为我们而转的，不要有想入非非、不劳而获的想法。比如很多伙伴有这样的观点：拥有优秀的工作成绩不是最重要的，嫁个好男人（有钱的男人）才是最重要的。

对于负心的男孩，正处在懵懂期的伙伴们一定要提高警惕，应该远离他们就像远离毒品一样，因为他们一旦走进我们的工作和生活，那将会是一件非常可怕的事情，会让我们为之荒废自己美好的青春时光，成为拥有美好人生的奢望者，那样伤害的不但是我们自己，对关爱、支持我们的人也是一种莫大的打击。

如果是正在恋爱中发现他属于负心男孩，那么我们更要明白，青春易逝，不要为负心男孩浪费自己的感情。如果在恋爱中分手了，不要难过，而更应该庆幸，在嫁给他之前看清了他的真面目。所以不要再为负心男孩浪费自己宝贵的青春。好好工作，做最好的自己，相信自己还会寻找到属于自己的爱人。相信是一种力量，会使你梦想成真！

慧点迷津

爱情不是我们人生的全部，在热恋时也要保持清醒的头脑。两人恋爱一定要有一个考察期，千万不要有一种沦陷的感觉，想当然地以为已经找到了感觉对得上的男孩，而愿意奋不顾身地全身心投入，演绎一个可歌可泣的浪漫故事。作为女性我们一定要懂得矜持，找男朋友要宁缺毋滥，没有男朋友时修炼自己，这样缘分到了，你也准备好了。

在前期考察阶段，一定得看清楚对方的真实面目，再投入自己的时间和精力。找伴侣一般都是在寻找一个稳定的、持久的、基于相互恩爱的、志同道合的人。如果在交往过程中我们感觉到哪怕一点点，对方偏离了这个方向，那么我们就要开始引起注意，通过现实生活中的实际事件再次去确认事情的真相。一旦确证我们就要像远毒品一样远离他了。

绝对好男人：好男友一定还要是个好军师

作为成长在终端一线的伙伴，你身边最亲密的人能充当你人生的军师，他将对你将来的发展有非常大的帮助。俗话说：一个成功的男人背后要有一个伟大的女人。可以说，在现代社会，一个女人要想成就自己，成为一个内外兼优的新型女性，背后也一定少不了一个军师一样的男人为你出谋划策，助你在人生的各个阶段走得顺畅和坚定。

案例

冬冬的男友是一位营销管理人员，比冬冬大三岁，可心理年龄远比冬冬成熟。他从社会最基层的岗位一步一个脚印晋升为营销总监，付出过很多汗水和泪水，经历过很多不平凡的事，从而锤炼了他成熟、稳重的品质。

他在职业发展和生活品质上有着自己独特的见地。每当冬冬在选择的十字路口时，他都能给她一些具有前瞻性的意见和建议，从而使冬冬在职业生涯和生活中都走得非常顺畅。

有一年，冬冬凭着自己优秀的表现和出色的业绩，被总公司相关部门的老总列为重点关注对象。培训学院希望她去做销售和店铺管理培训讲师，想把她往培训经理的方向培养；营销中心希望培养她成为未来分公司的总负责人。成为众人聚焦的优秀讲师是冬冬一直梦想的职业，尤其是去年外出参加了一位女讲师的培训，她当时被那位女老师台上的风范和魅力所吸引，心里就暗暗想有朝一日自己也能站在这么大的讲台，给台下所有仰慕自己的学员分享自己这么多年打拼事业的经历，那将会是人生中一件多么幸福的事呀！

但做销售分公司的负责人是最适合自己发展的，因为她最熟悉这一个领域的工作，而且干得也非常好，更重要的是她的专长在于管理团队。在当梦想与能力都在逼她选择时，冬冬再次想到了男友——她一贯的军师。男友结合冬冬本人的兴趣和特长，从长远发展角度帮冬冬做了详细的分析和预演，最终让冬冬做出了最适合自己的选择。两年过去了，事实证明当年的选择是最适合冬冬的，冬冬现在有着自己的事业和幸福美满的家庭生活。

分析

不同环境成长经历的女孩对于好男友的要求有着不同的标准，但有些要求几乎是共通的，一个乐观、大度、坦诚、果敢、幽默、坚毅的男人是一件值得珍惜的艺术品。对于正在终端一线打拼的伙伴们来说，好男友除了具备以上这些条件之外，最好能成为一个好军师，在我们成长的路上给予正确的指引。

军师在古代就是出谋划策之人，战场上的指挥官，不可缺少的谋略者！作为成长在终端一线的伙伴，你身边最亲密的人能充当你人生的军师，他将对你将来的发展有非常大的帮助。熟话说：一个成功的男人背后要有一个伟大的女人。可以说，**在现代社会，一个女人要想成就自己，成为一个内外兼优的新型女性，背后也一定少不了一个军师一样的男人为你出谋划策，助你在人生的各个阶段走得顺畅和坚定。**

慧点迷津

想要自己的男友能在工作和生活中充当军师的角色，那么我们要做到两点：第一，自己是一块可雕琢的玉；所谓朽木不可雕也，我们整天工作和生活懒散，喜欢不劳而获，不积极上进，自然就没有可雕琢的意义了。第二，我们得有机会让男友的才华得以充分发挥。我们要在工作上积极上进，努力做出优秀成绩，得到更大的发展平台，有这样的机会和平台，男友的才华才能有用武之地。所以说要想拥有像军师一样的男友，就得关注我们自身的成长。

爱情赢家：爱我就要帮我赢

一份值得我们去留恋和回味的爱情一定是双方相互帮助、支持、理解和勉励，为共同美好的未来而做出自己应有的付出的爱情。所以我们找的男友，一定是能在我们最需要他的时候，没有任何怨言地站在我们的角度，急我们所急，帮我们扫除前进的一切障碍。有了另一半的帮助和支持，我们想成功就不是一件可望而不可即的事了。

案例

光彩夺目的灯光下站着一个可爱又精干的女孩——彩彩，她正在接受着区域的季度奖励，这次区域的季度 PK 大赛，她带领的团队荣获了一等奖，业绩不但完成了 PK 时制订的目标，还超额完成了 1 万多元，所以在获得此次 PK 大赛奖励之外她还直接晋升到片区经理职位，真是双喜临门，可喜可贺！

彩彩在给大家分享成功经验时多次提到一个人，这个人不是她团队的成员而是她的男朋友。她说，为了赢得这次 PK 奖励，她跟大家一样，天天待在店铺里，协助店铺完成目标，给伙伴们打气助威。这个季度她没休息过一天，天天都是上全班，从早上到晚上一刻都没有离开过店铺这个“战场”。男友在这个季度也随着她的工作而付出了很多精力和时间，帮她打理着工作之外的一切事情，让她没有任何顾虑、全身心地投入在工作上。

有一次天气突然变冷，彩彩由于工作疲劳，抵抗力降低，胃痛的老毛病又犯了，痛得站都站不起来，男友急忙从工作岗位上请假带她去看医生，并陪她在家休息，给她端茶、倒水、做饭，打理家务，无微不至地照顾她。

等胃稍好一点彩彩又想着要上班，可胃时不时还会有些痛，胃痛并没完全好，还需要吃药。但大赛在激烈进行中，有的店铺完成了目标的60%，有的完成了70%，区域的短信平台天天都在报道各个店铺业绩完成的进度，有几家店铺超过了彩彩管的店铺，可把彩彩急坏了，所以胃稍好一点只要不会影响工作她就坚持要上阵回到店铺。

男友不同意她返岗，要她身体完全恢复了再去上班。彩彩说："战火越烧越激烈，等我再休息几天，早落到人家后面了，到时想赶都赶不上了。"男友说："你们不是每个季度都PK吗？这次赢不了那下次再努力就行了，身体最重要的呀。"彩彩却说："我知道每季度都有PK，可这次对我很重要，我在区域大会上宣誓过，一定要完成目标的，而且这次完成目标不但能赢PK大赛奖励，还能得到总公司的晋升机会。所以我一定得坚持，稍有一点痛不碍事的，我自己注意一点就行了。"

彩彩表完决心，又向男友撒起娇："你不是说当初喜欢我就是喜欢我这股冲劲儿，欣赏我这种工作作风吗？而且你也知道我们这种工作的性质的，现在到关键时候你又要掉链子吗？爱我就得支持我，就得帮我赢了这场PK大赛。"说完她就开始往上班的路上赶了。

男友拿她没办法，不过他对她的最后一句话印象深刻：爱我就得支持我，就得帮我赢了这场PK大赛。于是男友开始谋划怎么帮彩彩赢这场PK大赛了。男友想他又不能去她们店铺帮忙，只能做好后勤工作了。于是他决定每天早早下班回住处帮彩彩做好一切后勤工作，中饭时间还时不时给彩彩送去胃药和饭菜、汤水。这样彩彩就能保证有好的身体和充沛的精力，全力以赴地去为目标而战了。就这样，一个季度下来，男友没有任何怨言地在幕后帮彩彩打理着一切，把自己所有业余的时间都付出了，最后彩彩终于赢得了这场PK大赛，并且她们团队发挥出了前所未有的水平。

分析

一份值得我们去留恋和回味的爱情一定是双方相互帮助、支持、理解和勉励，为共同美好的未来而做出自己应有的付出的爱情。所以我们找的男友，一定是能在我们最需要他的时候，没有任何怨言地站在我们的角度，急我们所急，帮我们扫除前进的一切障碍。有了另一半的帮助和支持，我们想成功就不是一件可望不可即的事了。

慧点迷津

爱情的力量是无穷无尽的，我们在繁忙的工作中能够得到爱人的支持、理解和帮助的话，那么我们的比赛一定会事半功倍的。那么如何赢得爱人的支持呢？①制造障碍，能增进爱人的同理心。比如，身体不适或工作太忙不能很好打理家务，放下姿态，在男友面前撒娇，得到他的同情心。这样更有利于增进彼此间的感情。②亲密关系多渲染：只要爱人有一点支持、帮助你的小举动，你就及时在团队里表达感谢与肯定，让团队所有人都知道他在帮助你，这对你非常重要。

任性而为：当男友的规划与自己的人生目标不一致时不妨任性一点

“美好人生是靠自己去把握和经营的”，这一句说得非常好。人生当中会发生各种各样的事情，有些事情适合用理性的思维去分析、去行动，有些事情则需要我们任性而为，因为只有这样才能创造出我们自己都意想不到的奇迹。

案例

小明现在算是事业、家庭双丰收了，她从基层店员做起，现在是管理 100 多人的团队的区域经理。锦上添花的是，她的家庭幸福美满，家人对她的工作也是一直予以支持和帮助。

小明走到今天，和老公之间也曾因为事业发展的原因发生过一些小摩擦。她 24 岁那年，已经在店铺工作三年，正担任着店长职位，经朋友介绍，认识了她现在的老公。他们处得很愉快，彼此间非常融洽和恩爱，是以决定牵手走进婚姻殿堂的态度在用心经营。双方父母和各自的亲朋好友也非常满意他们的结合，期盼他们尽快结婚。

那年老公 30 岁，有来自父母的压力，家里急着催他结婚生小孩。在老家父母都觉得男人要先成家后立业。小明的父母也非常认同这个决定，不停地做小明的工作，要她尽快结婚生子。趁双方父母都还年轻，能帮他们带孩子，这样就不会影响他们打拼事业了。

更重要的是，小明的父母觉得未来女婿是个非常不错的人，值得把自己的女儿托付给他，早结婚也早了却了做父母的一桩心事。就这样在双方家人的催促、施压下，男友也开始给小明发出“通牒”，爱他想跟他过一辈子就跟他结婚，这样大家都欢喜。

可小明不想现在就结婚，因为她从身边的过来人身上看到，女人一旦结婚了就开始步入另一种生活状态，会有很多新的事情需要付出自己的精力和时间去经营。可她现在正在成长中，正是锤炼自己真本领的时候，刚做店长不到半年时间，对于管理一家店铺还有很多专业的知识需要学习，还有很多本领需要她花时间和精力去不断积累和深造。

她也明白女人要想将来过上理想的美好生活，一定是要有自己的事业，有独立创造经济收入的能力，所以必须在她结婚之前这几年抓紧时间把自己的能力积累扎实了，等到结婚生子、重出职场时，她便有再次创造辉煌的核心竞争能力。所以她坚决反对现在结婚，可来自各方的压力该怎么办呢？

小明明白要想解决这个问题，关键在男友这里，其他人都好说。只要男友认同她，接受她的观点，什么事都好办了。于是她找到男友沟通，郑重其事地告诉男友，她不想现在跟他结婚，他得等她三年左右，等她管理店铺的能力积累扎实了，而且还能在公司晋升到更高的职位，团队发展平稳时再结婚。到那时她才会有安全感，才能没有任何顾虑地跟他走进婚姻殿堂。

小明给男友解释了她为什么要这样决定，她不但给男友讲了她个人的规划，还给他预演了他俩结婚有小孩后将会面临的各方面压力：两人都是独生子女，将来要赡养老人，还要供养孩子。要过上幸福的生活，没有经济基础是不行的。虽然双方父母现在还年轻，还能劳动，不需要他们赡养，可谁知道将来会发生什么呢？养老供小是迟早的问题，若现在不居安思危，以后只能疲于应付。

男友听后，理智上虽然认同她所说的，但还是觉得要先结婚，结了婚一样可以打拼事业。小明发现沟通无效后，就决定来硬的了，直接向男友发出“通牒”：这一次我必须得任性而为，不但是为了我，更重要的是为了我俩将来幸福美好的生活，

千千氏店长培训班

给将来的孩子有一个美好的未来。如果你爱我，这次你就得听我的，因为我的分析是对的。如果你不放心，我现在可以跟你订婚，总之现在不能结婚生子。

就这样，经过几个小时的反复沟通，小明软硬兼施，她的任性而为终于奏效了。男友同意她的想法，两人一起去说服双方的父母，订下了婚约。那次沟通，两人不但达成了延迟结婚的共识，还制订了共同成长、共同为美好未来打拼的目标和计划。就这样，三年之后小明终于如愿以偿地收获了事业、个人成长、家庭的美好果实。

分析

在成长的过程中，我们会听到很多前辈教育我们要成熟起来，做什么事不能再像一个长不大的孩子一样任性而为。其实，任性而为是凭着自己的想法和性格去做事，有时候是一种宝贵的赤子状态。如果我们有自己的想法，即使这种想法并不为爱人所接受，但它值得我们去坚持，那么此时任性一点未必是一件不好的事。

“美好人生是靠自己去把握和经营的”，这一句说得非常好。**人生当中会发生各种各样的事情，有些事情适合用理性的思维去分析、去行动，有些事情则需要我们任性而为，因为只有这样才能创造出我们自己都意想不到的奇迹。**

慧点迷津

1. 把握任性而为的尺度

如果我们坚持的事情是正确的，有利于个人发展，有利于家庭的长远利益，不伤害家庭成员的感情，那么我们可以任性而为，因为坚持的是对的。

2. 任性而为也要注意善后工作

我们在任性而为、坚持自己的意愿时，千万别忽略了最亲的人的感受，要做到充分沟通，让他充分理解和认同我们的意图，这样我们的任性而为才会起到良好的效果，对家庭的和睦才会更有帮助。否则，不建立共识、一意孤行，只会把事情搞砸，伤了自己也伤了最亲的人。

真爱无敌：成功的女人身后也必定有一个完美男人

爱情在一定程度上可以促进我们事业的成功。有爱情的滋润和爱人的鼓励，我们在前方冲锋陷阵就更容易全身心投入，真爱会为我们干自己的事业增添无限量的动力。

案例

丝丝现在是公司华东区的大区总经理，也是事业和爱情双丰收的成功女性。这位曾做过店员、店长、督导、主管、经理、讲师的大区总经理，每天在工作上雷厉风行、风风火火、激情四射，好像有使不完的干劲儿。对手下的人要求非常严格，对自己要求更加严格。别的区域负责人都会定期休假和放松自己，可她不会，一年12个月除了每个季度必要的休息几天，陪伴家人之外，其他时间都在工作岗位上，为她的团队人员成长和区域业绩提升打拼。她的这些表现曾无数次感动过公司的老板和其他管理者，她无疑是各个区域管理者学习的榜样。

有一次在公司年会上，她再次受到老总的嘉奖。奖励颁发完后，主持人走到她跟前采访她，问道："丝丝，你的这些表现和成绩是我们公司所有终端一线伙伴学习的楷模，向你学习是我们一直在倡导的事情。但有一件私事是很多伙伴尤其是有家庭的伙伴们想问你的，今天我代表她们来问一下你。你这样一门心思地扑在工作上，是怎样平衡家庭和事业的呢？”

主持人的话音刚落，丝丝所负责的区域的伙伴们一齐朝着会场的最右边看去，会场随即响起一片掌声。原来丝丝老公就在会场。丝丝笑眯眯地趁机说了一句让她老公开心的话：“在这里我借用大家的掌声，给我老公一个肯定和感谢的拥抱。确实这么多年走过来不容易，除了公司老总和同事们对我的帮助和支持外，最重要的就是我老公对我的理解、包容、鼓励、帮助。”

现场顿时掌声雷鸣，这是欣赏和羡慕的掌声。丝丝接着回答主持人的问题：“我想是爱情促使我更卖力地工作。我和老公是在我做店员时认识的，那时他也和我们一样做着服务行业最基层的工作。我们一起成长，相互支持、勉励对方，几年过去了我们拥有了自己的事业和美好的家庭。可能正因为这样，他能理解到我们这个行业的辛酸和快乐吧。所以在很多方面我都能得到他的支持和包容，当然中间也会由于家庭和事业难以两全而发生过争执，但最终我们还是能心平气和地商量出最好的办法去解决。这个过程我们有一个动作是双方都做得很好的，就是我带他融入我的团队中，了解我们的公司和工作性质，他也带我去了解他的工作情况，这样便于沟通和理解、支持。比如今天的年会他被我邀请到了现场。还有，他是一个积极上进、有事业心、责任心、敢为自己的梦想打拼的血性男儿，所以他也欣赏和支持他的另一半同样是积极上进、有自己事业的职业女性。我俩也都认为只要合理安排好工作和家中的事情，家庭和事业是可以经营好的。只要两人的心在一块儿，劲儿往一处使，就不会有解决不了的问题。”听完丝丝的分享，现场所有的伙伴再次报以肯定的掌声。

分析

爱情在一定程度上可以促进我们事业的成功。有爱情的滋润和爱人的鼓励，我们在前方冲锋陷阵就更容易全身心投入，**真爱会为我们干自己的事业增添无限量的动力。**在前方冲锋陷阵，这样的形容一点都不夸张。真的，我们在一线的销售管理工作就好比战场上一次一次的战役，要想打好这些战役，我们后方的支持不够，那

销售实战训练——头脑风暴

是很难获得胜利的。所以说一个优秀的终端伙伴，身后一定得有一个坚强后盾在默默地奉献。

当我们专注于做一件事，特别是我们的事业时，很容易忽略身边其他很多事情，包括亲人、朋友，还有另一半，这往往是让另一半最难以接受的，如果沟通不到位或两人之间没有真爱的话，就会很容易闹矛盾，从而影响事业的发展。

无论做什么事，都要专注，要有耐心，有动力，那样通往成功的路才会顺畅。男人、女人都如此，不要看他（她）那么强大，其实他（她）最希望自己最爱的人在背后默默支持，能够理解他（她）所做的一切。就因为有了支持和理解，他（她）在感情上才没有什么困扰，从而在事业上更加专注。一个人专注于某个方面，假以时日，肯定会在那个方面产生效益。

慧点迷津

伙伴们，当你们的另一半无法理解你做的一切，不要把错全推在他身上，因为谁都忍受不了自己爱的人对自己的冷落。你需要做的是，让你的另一半知道你在做什么，为什么这么做，并告诉另一半，你希望得到他的支持，就算你的另一半不懂你做什么，但是他知道，他在你心目中是最重要的，当你忙于工作而冷落他时，他不但不会埋怨你，反而会为你骄傲，在背后默默支持你！

作为终端伙伴的家属，当你的爱人因为工作而冷落了你，先别闹情绪，想想她那么拼命是为了什么，为了你们将来的路走得更顺畅。当你遇到这样的伴侣，愿意自己现在苦点，也不愿意让以后的日子捉襟见肘。你该感到幸运，你该做的是在她背后默默支持她，不离不弃，你陪她走过她生命里最艰难的日子，相信她也会给你带来一辈子的幸福。

幸福狂欢曲：爱情事业双丰收，拥抱美好人生

真正的爱情能够唤醒双方内心沉睡的力量和潜藏的才能，因为它不但可以丰富人的社会化需求，强化人的归属感，而且更能促进人的自我价值的实现，从而促进事业的成功；反之，成功的事业使爱情更加牢固、充实。

案例

某品牌的大区经理陈红，28岁，是从一线店员成长起来的一位实战派大区经理，有着过人的店铺管理和团队管理经验，事业上个人的核心竞争力十分了得，在做区域督导时就曾有多次让店铺起死回生的经历，而且她带的团队是整个公司最有战斗力的团队。在事业上看来她是一名巾帼英雄，在生活上她也是一名出色的女孩，虽然长相不是最出众的，但她性格开朗、温柔敦厚、通情达理，对待生活上的所有事情都是积极乐观的态度。

她用心经营的人生中除了有很多良师益友之外，还有一份完美的爱情，她和老公相互勉励、支持、理解，共同用心经营他们的家庭。他们是在双方都有着核心竞争力和很好的事业基础，价值观、人生观、家庭观、金钱观等都达到共识的时候共同走进婚姻殿堂的。结婚一年多后有了可爱的小宝宝，现在三口之家过着非常幸福的小日子。

在拥有这些美好的人生果实之前，陈红和我们现在终端很多伙伴的基础是一样的，但她从进入社会工作做店员到结婚前这6年时间，是有自己美好的人生规划的，她每时每刻都在朝着自己的目标按着年、季、月、周计划在实施，从事业、个人学习、交友、爱情、健康这五个方面在用心经营着自己的人生。

在陈红的字典里没有无聊、消极、扛不住压力、怕吃苦、怕担当、对待工作和生活上的每一件小事敷衍了事等一系列的字眼。她在爱情没有来临之前就好好工作，全心打造着自己的核心竞争力。当她工作上有不错的成绩，个人学习有很大进步，良师益友也有很多的时候，爱情自然而然就来到了她身边。一份耕耘一份收获！努力付出终会有回报，只是有的人回报得早，有的人回报得晚，只要我们用心终究会得到我们希望的成果。

那么陈红是怎么使自己的事业和爱情平衡发展的呢？很多时候我们很难做到平衡。忙碌时可能会牺牲约会进行加班，但工作时有时还想念着恋人，心不在焉，无法投入工作。陈红也曾多次遇到这种情况，她是这样合理安排的，她在工作时聚精会神全力以赴地工作，高效快乐地工作，业余时间就能完全属于自己，经营爱情，这是最好的平衡事业和爱情的办法。这样也就可以做到事业和爱情两不误。

分析

爱情和事业双丰收是我们每个伙伴期待的结果，可现实中由于我们的工作性质，可能没有太多的时间谈恋爱。其实，有这种想法的伙伴一般是不会合理安排时间的伙伴，对自己的将来也没一个规划，所以看上去大部分时间都让工作给占领了，仔细一了解会发现她们很多空闲时间都是在以一种消极的心态面对，时时抱怨，为自己不够努力、不够认真、不上进找无数的借口，把很多空闲时间浪费在一些无意义的事情上。

爱情与事业是人生的两大支柱。爱情是美好的，人生需要爱情，更加需要事业。没有爱情的人生是不完满的，但没有事业的人生更是空虚的。对工作和爱情的渴求，联合起来创造出美好人生。两者都值得全力以赴，它们是相辅相成的，永远不会给对方造成障碍。美好的爱情会促进事业进步，事业进步了爱情也就更加稳定，具有良性循环效应。

真正的爱情能够唤醒双方内心沉睡的力量和潜藏的才能，因为它不但可以丰富人的社会化需求，强化人的归属感，而且更能促进人的自我价值的实现，从而促进事业的成功；反之，成功的事业使爱情更加牢固、充实。

处理好爱情与工作的关系，不仅关系到终端伙伴活得是否充实，还关系到以后的事业是否成功，人生是否幸福，也就是关系到我们的人生。所以有些伙伴为事业牺牲爱情，或为爱情牺牲事业，都是不明智的。造物主认为“独居不好”，说明婚姻是非常必要的，而不是可有可无的。现在很多新一代的年青人崇尚“单身贵族”的生活，这不是上帝所喜悦的生活。有人声称自己重事业而不重婚姻，甚至可以为事业牺牲婚姻，这也是不太正确的认识。《圣经》记载人类始祖亚当管理整个世界，事业不可谓不大，但事业的价值并不能取代婚姻，他依然感到孤独。“两个人总比一个人好，因为二人劳碌同得美好的果效。若是跌倒，这人可以扶起他的同伴；若是孤身跌倒，没有别人扶起他来，这人就有祸了！有人攻胜孤身一人，若有二人便能敌挡他；三股合成的绳子，不容易折断。”（引自《圣经·传道书》第四章）

爱情甜蜜、事业有成，我们才能有较为长久的快乐与幸福。对于处于懵懂期的终端伙伴来说，摆正爱情在人生中的位置，正确处理好爱情与事业的关系，就是要处理好爱情与工作的关系。在这个问题上我们应有的基本观点是，要分清主次，遵循以事业追求为主的原则；合理安排，营造能够促进事业腾飞的美好爱情生活，从而使自己的人生更加辉煌。让爱情真正成为我们人生中的一段不同寻常的经历，成为我们人生中的动听的乐章，成为造就一番事业的动力！

慧点迷津

1. 合理安排时间

要想爱情事业双丰收，就要合理安排时间，做好分内的事情，把握一切可以争取的机会！一天 24 小时，多长时间睡觉、多长时间工作、多长时间学习、多长时间锻炼身体、多长时间联络同事朋友间的感情，这都是可以规划的。一个月里哪些时间是平常作息时间，哪些时间可以外出参加一些活动结识更多更优秀的朋友，或跟恋人一起过二人世界，合理安排，真正做到劳逸结合，这是我们最需要学习的。

2. 做好每一个角色

人生舞台如戏台，我们在不同时间不同空间演绎着不同的角色，每一个角色都有着它独特的要求，这样才构成了我们多姿多彩的人生。如果我们把每一个角色都演好了，那么我们的人生就美好了。工作中我们要扮演上司、下属、同事、服务者……生活中我们要扮演恋人、朋友、子女、兄弟姐妹……在特定的时间和空间需要我们演特定的角色时，我们不妨全身心地投入演好这个角色，做最好的自己，那么我们将会得到自己梦寐以求的美好人生。

小工具、小练习

年度目标

	类别	序号	目标内容	方法和措施	起止时间	完成打√
事业目标	业绩指标	1	收入　　元			
		2	老客户销售业绩　　元			
		3	新客户销售业绩　　元			
	客户指标	1	客户满意度 99%			
		2	客户流失率 1%			
		3	重复购买率 80%			
		4	客户转介绍率 80%			
	管理指标	1	制度执行力 100%			
		2	其他目标			
个人成长		1	每月阅读　　本书			
		2	其他学习内容：			
人际关系	交友	1	结交　　位良师益友			
		2	与家人、伴侣、同事、客户关系处理满意度 95%			
个人（家庭）生活	物质	1	物质资料支出：　　%			
	财务	2	收入用于消费：　　% 收入用于储蓄：　　%			
健康休闲		1	去　　旅游一次			
		2	每周做　　小时运动			

人生规划表

姓名：______________________ 规划年限：______________________

起止时间：____________________年龄跨度：______________________

你想成为什么样的人？

事业规划（最高职务目标？最高收入目标？）

想拥有良师益友多少个？

爱情、婚姻有什么目标？

找准素质差距

观念：____

____

知识：____

____

技能：____

____

____

后 记

终端人员的管理涉及方方面面的问题，管理的要义与其说是要提升伙伴们的技能技巧，还不如说是让终端伙伴们能做到自动自发、积极正面地面对每天的工作和生活，让伙伴们的好心态和潜能在终端工作中无限放大和引爆，为企业创造奇迹，为自己的美好人生做好扎实的铺垫。

人一旦有了梦想和清晰的人生规划，内心的困惑自己能找到方法解决，那么在日常的工作和生活遇到任何事情时，就会变被动为主动，并爆发出无限的潜能和正能量。所以不管我们做何种工作，我们都要有科学的人生规划。

当然伙伴们要做到这些不是朝夕所能达到的，更像是一场马拉松运动，考验的是个人意志力和“不抛弃梦想、不放弃追求”的人生初衷。我希望读者朋友能从本书诸多鲜活的案例中，或举一反三、或触类旁通，从人生的迷惘、痛苦中走向喜悦和幸福！

本书中从事业、交友、个人成长、感情四个方面进行了美好人生的规划，其实还有两个方面的规划也不能忽视：一个是健康。俗话说得好：健康的身体是革命的本钱。没有健康的身体，我们追求的一切都是浮云。另一个是理财。做一位新时代的创造者，理财也要有清晰的规划，这样我们的日子才不至于过得糊涂。

在决定书写本书时，我纠结了很长时间，因为对于我来说书写文字不是我的强项。我一直都是以培训和咨询项目的方式，在为终端人员管理工作做力所能及的事。所以在书中我们见不到华丽的词语和精美的段句，我只用了一些简单、直白的语言和一些发生在伙伴们身上的真实案例，向大家寄予期望。

在此，我要感谢曾经和我一起工作的同事和上司，是他们给予我更加清晰的案例和思路。我要感谢我生命中的良师益友，是他们无时无刻不在激励和鞭策我。我更要感谢终端各位工作在一线的伙伴们，正因为你们在美好人生规划上需要指点和引导，让你们免于踏入一段泥泞的人生征程的使命感催我奋笔疾书，三易其稿，在你们面前展现我的所见、所闻和所悟。希望我的分享不是锦上添花，而是雪中送炭，可以慰藉心灵！

当然，由于我阅历和资历上的不足，难免有考虑不到的观点和视角，请读者朋友不吝赐教和斧正。让我们一同前行，为青春喝彩！

姚慧连

作于南海千灯湖畔·时代名轩居

智读汇征稿启事

智读汇与出版社强强联手，整合一流的出版资源，构建集出版策划、企业培训为一体的高效团队，多年来在业内享有良好的信誉和口碑。我们为企业、企业家、讲师、院校、社会名流等提供过很多有价值的出版策划和出版服务。成功作品有：《听李彦宏说百度经营之道》、《苏宁：背后的力量》（“组织智慧、营销创新、信息化天梯”三部曲）、《预约未来：我在森达 12 年》、《有效沟通》（余世维老师）、《管理越简单越有效》（李践老师），等等。为了更好地服务社会各界，特推出以下两大书系：

（一）“智读汇·名师书苑”书系：面向致力于为中国企业发展奉献智慧，提供咨询建议的培训师征稿，为培训师塑造个人品牌，传播课程价值及影响力。

（二）“智读汇·企业书苑”书系：杰克·韦尔奇、郭士纳、冯仑、王石等众多成功企业家都出版过优秀图书，他们的绝秘心得是——“最伟大的企业家一定是一名优秀的畅销书作家！”本书系面向中国企业和知名企业家征稿，助力管理思想落地、企业文化传承和品牌影响力传播。

出版热线：13816981508

在线服务：QQ 3088289217

扫一扫了解智读汇出版资讯

读者服务卡

以书会友，真诚到永远！

1. 您是通过何种渠道了解到本书的？

□书店 □报纸杂志 □电视台电台 □网络 □朋友（老师）推荐 □其他

2. 您在何处购买到本书的？

□城市书店 □网络书店 □机场书店 □超市书店 □铁路书店 □其他

3. 如果您希望我们发送新书信息给您公司的负责人，请注明所推荐人的：

姓名：________________ 职务：______________ 电话：______________

地址：__________________________________ 邮箱：______________

4. 通过阅读、学习本书，作者帮您解决了哪些工作中的难题？工作仍有什么样的难题未得到解决？请认真填写，本书策划服务团队及作者本人会在收到您的疑问后，进行详尽解答。

已解决的难题：____

____

____

____

未解决的难题：____

____

____

____

感谢您的阅读！请确认我们的联系方式

地址：上海市恒丰路 218 号现代交通商务大厦西 1307 室

邮编：200070

电话：021-51213225

传真：021-51211252

电子邮箱：zhiduhui100@163.com

扫一扫有惊喜！

咨询作者课程、希望到课堂现场聆听作者的智慧分享，

请拨：13816981508

“智读汇书友”淘宝店：http：//zhiduhui.taobao.com

（本服务卡复印件同样有效）